仏教の女神《じょしん》たち

森雅秀

Masahide MORI

春秋社

孔雀明王像（国宝）　仁和寺　写真提供：京都国立博物館

はじめに

仏教に女神？　不思議な取り合わせと思われるかもしれない。たいていの人は仏教に女神がいるとは思っていない。そもそも、仏とは性を超越した存在で、男とも女ともつかないからこそ、仏であると思い込んでいることも多い。

しかし、仏は男性である。その証拠として、仏を表すサンスクリット語 Buddha は男性名詞である。言語の性と実際の性が必ずしも一致しないことは、ドイツ語などには見られるが、サンスクリット語の場合、男性であれば男性名詞、女性であれば女性名詞である。実際の人名などもそのように付けられる。

基本的に仏教は男性の宗教である。釈迦自身が男性であるし、その高弟たちも男性ばかりである。もちろん、女性の修行者たち、すなわち比丘尼もいたが、男性の修行者である比丘に比べて、守るべき戒律も多く、つねに従属的な位置に置かれていた。とくに大乗仏教は男性優位の傾向が強い。代表的な大乗経典のひとつ『法華経』の「変成男子《へんじょうなんし》」の教えはその典型であろう。仏になることができない女性（龍女《りゅうにょ》）が、男性に姿を変えてついに成仏する物語である。

そのような男性中心主義の仏教において、女性のほとけが次々と生まれたのが密教の時代であった。密教のほとけたちの世界は、いくつかのグループから成り立っている。すなわち、すでに悟りを開いた仏、悟りに向かって邁進する菩薩、怒りの姿をとって衆生を救済する明王(忿怒尊《ふんぬそん》)、ヒンドゥー教や民間信仰の神々に起源をもつ天などである。

その中に女性のほとけのグループも登場したのである。その名称はもちろん女性名詞で、姿も明らかに女性である。女性のほとけたちを説く経典は、一様にその優美さや華やかさを強調し、そこで説かれる柔和で慈愛に満ちたイメージは、人々が女性に対していだく理想そのものである。

なぜ仏教に女性のほとけが出現したのであろうか。彼女らはどのような姿や特徴をそなえていたのであろうか。彼女らはどのように信仰されていたのであろうか。代表的な女性のほとけを取りあげ、そのような疑問を解き明かすことが本書の目的である。

これらの本題に入る前の予備知識として、女性のほとけが現れた背景に三つの大きな要素があったことを指摘しておこう。

一つ目は陀羅尼《だらに》信仰である。陀羅尼とは簡単にいえば呪文のことで、それを唱えることでさまざまな目的が成就する。陀羅尼にはたくさんの種類があるが、それらはしばしば特定のほとけと結びつけられる。陀羅尼を唱えることで、そのほとけの力にあずかることができるのである。それに選ばれることが多いのが女性のほとけなのである。

二つ目は観音に対する信仰である。代表的な菩薩である観音は、もちろん男性のほとけであるが、中国や日本では女性的なイメージでとらえられることも多い。とくに日本では、観音＝女性のほとけという認識がかなり一般的である。これには、観音が女性化するとともに、女性のほとけが観音になるという二つの流れを考えなければならない。

三つ目はヒンドゥー教の女神信仰である。中世のヒンドゥー教では、女神への信仰がさかんとなり、場合によっては、シヴァやヴィシュヌのような代表的な男性の神をもしのぐ勢力があった。代表的な女神にドゥルガーやカーリーがいる。ドゥルガーは「水牛の悪魔を殺す女神」という意味の「マヒシャースラマルディニー」と呼ばれることもある。これは、その名のとおりの神話にもとづく名称であるが、ヒンドゥー教の典型的な女神として広く知られ、多くの彫刻や絵画作例が生み出された。

もとより、女性のほとけが、それのみで忽然と出現したはずはなく、さまざまな信仰を背景として生まれたことが推測されるが、ここにあげた三つは、その中でも特に重要な役割を果たしたと考えられる。女性のほとけに対する信仰は、これらの接点に偶然出現した特異な現象であったと考えた方がよい。

その点で、仏教は密教の時代においても、全体としては依然として男性の宗教であり、女性のほとけに対する信仰も、その枠組みの中でとらえられるべきかもしれない。しかし、そこから仏教を見ることで、逆に従来とは異なる仏教の姿が浮かび上がることもたしかである。

仏教の女神たち……目　次

第2章 孔雀明王と五護陀羅尼……51

仏教の女神たち

第1章　ターラー

1　ターラーという女神

圧倒的な人気

仏教の女神の中で最も人気が高い仏はターラー（図1―1）である。日本の仏教しか知らないものにとって、これは意外であろう。ターラーなどという仏はほとんど聞いたこともない。ましてや、その像や絵画を見たことのある人はきわめてまれである。仏像マニアの中には、胎蔵曼荼羅の蓮華部院の中に登場する女尊のことだとわかる人もいるかもしれないが、よほどマンダラが好きで、隅から隅までながめるような人に限定されるであろう。

しかし、日本でほとんど流行することのなかったこの仏こそ、インドはもとより、チベット、ネパール、そして東南アジアの諸国で、最も信仰を集め、絶大な人気を誇った女神である。女神の中の女神といっても過言ではない。日本でほとんど知られていないのは、日本仏教に直接的な影響を与えた中国において、人気を博することがなかったためであろう。日本と同様、中国仏教の影響下にあった韓国でも同様である。中国を中心とする東アジア文化圏は、ターラー信仰圏に加わることのできなかった特異な地域だったのである。

インドにおけるターラー信仰の隆盛を示す指標のひとつが、その作例数である。ポスト・グプタ期も含め、パーラ朝の仏像のデータを網羅的に集め、その作例数をカウントすると、ターラーはその上位にランクインする。具体的には、釈迦、観音に次ぐ第三位がターラーの順位である。

単に作例数だけから人気の度合いを測るのは、いささか乱暴かもしれないが、このことはターラー信仰を考える上で、重要な意味をもつ。

釈迦が第一位にあるのは、大乗仏教から密教の時代になっても、仏教の中心的な仏が依然として釈迦であったことを示す。とくに、僧侶だけではなく、一般の人びとの信仰のよりどころになったのは、密教経典に登場する大日如来や阿閦《あしゅく》如来などではなく、仏教の開祖であった釈迦であったと考えられる。これは、密教がさかえた地域である北東インドが、釈迦が活躍した場であったこととも関係するであろう。ご当地の有名なキャラクターのように見られていたのかもしれない。

一方、観音は大乗仏教の主役である菩薩たちのいわばトップスターである。慈悲の仏として人びとの救済をもっぱらとするこの仏は、日本や中国を含め、仏教の伝播した地域で信仰を集めなかったと

図 1-1　ターラー　クルキハール出土、インド博物館

ころはない。インドに限らず、どの地域でもその作例数は群を抜いている。

それに対して、ターラーは初期の仏教はもちろん、大乗仏教の時代においても、ほとんど知られていなかった仏である。密教の時代になっても、経典の中に登場する無数の仏たちのひとりに過ぎない。ターラーを主尊とするような経典もほとんど知られていない。密教の仏の世界の脇役に甘んじているのである。

しかし、そのような文献における影の薄さとは裏腹に、当時のインドの寺院や僧院では、つぎつぎとターラーの像が刻まれ、安置され、礼拝されていた。そのおびただしい数がそのことを物語っている。出家して修行にはげむ僧侶も、寺院に参拝に訪れる一般の信者も、そろってこの女神に篤い信仰を寄せていたのであろう。そしてその勢いは、チベットやネパールなどの周辺の国々にまで及んでいる。

ターラーの起源

ターラーへの信仰がなぜこれほどまでに広がったのか。残念ながらその理由はよくわからない。また、ひとつの理由でそれを説明することもできないであろう。

ターラーの起源も不明である。仏像の解説書などをひもとくと、「観音の瞳から放たれた光明から出現した」とか、「観音の瞳から落ちた涙がたまって池となり、そこに咲いた蓮華の花の中から生まれた」というような説明がある。メルヘンチックで、いかにも美しい女神の出現にふさわしいように見える。どこかヴィーナスの誕生を思わせる。しかし、実際にそのような信仰が広く知られていたことを示す証拠はない。ちなみに、前者は漢訳のみが残されている『大方広曼殊室利経』（大正蔵二〇巻、一一〇一番）に、後者はチベットの歴史書『マニカンブン』にもとづく説明である。

いずれもターラーが生まれた源は観音の瞳であるが、これは「ターラー」（tārā）という言葉が「瞳」の意味を持つためであろう。固有名詞としては女神の名前であるが、一般名詞として用いられた場合、瞳を指すのである。むしろ、ターラーの起源をその同義語から説明づけた「語源学」（etymology）的な説明なのである。光明を介在させたのもこれに似て、「ターラー」が星を意味することもあるからである。

ただし、いずれの起源においても観音が登場することは興味深い。ターラーは観音の脇侍となることも多く、両者はきわめて密接な関係を有していた。胎蔵曼荼羅で聖観音を中心とする蓮華部院にターラーが含まれるのもそのためである。図像上の特徴も、ターラーと観音はきわめて近い。

ターラーが神話に登場する女性の名であることに注目する研究者もいる（山折　一九六二）。『ラーマーヤナ』には、猿族の王妃の名としてターラーが現れる。『ラーマーヤナ』の主役はもちろんラーマであるが、それを助ける猿の武将ハヌマーンもラーマに劣らず人気が高い。物語に登場するターラーはハヌマーンの仕える猿族の王スグリーヴァの妻妾の一人である。ただし、もとはスグリーヴァの兄で、猿族を支配していたヴァーリンの妃であった。ヴァーリンとスグリーヴァとの間で起こった争いの結果、ヴァーリンは滅ばされ、その妻はスグリーヴァによって我がものとされたのである。

『ラーマーヤナ』に登場するこのターラーと、仏教の女神であるターラーとを直接結びつける根拠はなく、その起源として広く認められているわけではないが、何らかの影響関係があったとすると、いろいろ興味が広がる。

中世のインドの宗教における重要な特徴のひとつに女神信仰がある。インドの宗教はヒンドゥー教という名で包括的に呼ばれることが多いが、その中には多種多様な信仰が入り交じっている。中心となる神としては、シヴァとヴィシュヌが有名であるが、彼らもインド各地のローカルな神々を包摂することで、最高神や唯一神へと成長していった。シヴァもヴィシュヌも男神であるが、これに拮抗するように女神に対する信仰が急速に広まったのが、グプタ朝からパーラ朝にかけての時代だったのである。ちょうど、仏教の中に女神信仰が顕著となった時期に一致している。そして、ヒンドゥー教の女神もローカルな女神たちを取り込みながら、特定の女神へと収斂していった。ドゥルガーやカーリーと呼ばれる女神たちはその代表である。仏教のターラーが民間信仰の特定の女神を起源とすることも十分ありえるのである。

『大唐西域記』の中のターラー

ターラーに言及する比較的早い文献に、玄奘による『大唐西域記』がある（水谷　一九九九、五三〜五四頁、一七三頁）。いわずと知れた著名な旅行記で、玄奘が訪れた七世紀前半、すなわちポスト・グプタ期のヴァルダナ朝のインドの様子を伝えてくれる重要な情報源である。玄奘は同書の中で密教についてはまったくふれていないので、この時代にはまだ密教はそれとわかるほど大きな勢力を有していなかったのであろう。ターラーが登場するのも密教仏としてではなく、大乗仏教の仏の一人としてとらえられていたと考えられる。

ターラーが登場するのは二カ所である。ひとつはマガダ国パータリプトラ（現在のパトナ市）で、そこからナーランダーに至る都城に「テーラーダカ」という伽藍があった。その精舎のひとつに、左にターラー菩薩、右に観自在菩薩がまつられていることを伝えている。いずれも高さは三丈である。仮に一丈をおよそ三メートルとすると、九メートルの巨大な像があったことになる。現在、インドに残る観音像にもターラー像にも、これだけの大きさをそなえた作品は存在しない。

ターラーが登場するもうひとつの箇所は、同じマガダ国であるが、有名な僧院ナーランダーのくだりで、そこでは精舎の中に単独の像として安置されていたらしい。具体的な大きさは示されていないが、やはり背の高い巨大な像で、霊験があらたかであると述べられている。年の初めには国家的な法会が七日間にわたって繰り広げられたことも記されている。

パータリプトラやナーランダーのあったマガダ国は、現在のビハール州に含まれるが、パーラ朝の中心的な地域である。ターラーの作品がこの地方には数多く遺されている。大きさはともかくとして、玄奘と同時代の七世紀にまで遡る作品もその中には含まれている。

残念なことに、玄奘はターラーの具体的な特徴については、大きさを除くと何も述べていない。ただし、パータリプトラの作例が仏の脇侍として観音とともに安置されていたことは興味深い。ターラーが観音の脇侍になることは、パーラ朝の観音像に広く見られるし、西インドのエローラ石窟には、観音とさほど大きさの変わらないターラー像が、その横に位置することがある。

奇跡を起こす女神

玄奘が伝えるターラー像も、貴賤を問わず、人々の篤い信仰を集めていたことがわかるが、おそらくその度合いは時代とともにさらにエスカレートしたのであろう。ターラーの作例数はそれを如実に示しているが、文献においても、それを伝える証言を見出すことができる。

一三世紀初頭にチベットからインドにやってきた僧侶にチュージェペルという人物がいる。「チャク地方の訳経僧」とも呼ばれ、ダルマスヴァーミンというインド名でも知られている。彼が残した旅行記には、インドで見たさまざまなターラーのエピソードが含まれている（田崎一九九三）。

たとえば、ヴァイシャーリーのターラー堂にあったターラー像は、首をややかしげた半跏の像で、右手は与願印を示し、左手は指を胸のところに置いているという。左手の持物は不明であるが、そこからウトパラ（睡蓮）の茎が伸び、体の横で花が咲いていたら、パーラ朝時代の典型的なターラー像である。

しかも、この像は災難を人びとから取り除く大いなる加持力をもっていたという。実際、チュージェペルがこの地でトルコ兵（おそらくムスリムを指す）に襲われたときも、ターラーによって事なきを得ている。

仏教の四大聖地のひとつで、釈迦の成道の地であるブッダガヤには、さらに多くのターラー像があり、しかもいずれも霊験あらたかな像ばかりであった。

チュージェペルは四体のターラー像について述べているが、はじめの像は「顔の向きを変えたターラー像」と呼ばれ、熱心な信者の願いに応えて、顔の向きをそちらに向けたままになっているという。ちなみに、この像は、チベットに仏教を伝えた重要なインド僧アティーシャゆかりの像であるという。アティーシャはターラーに対する熱烈な信仰をもっていたことでも知られている。

二つ目のターラー像は「河のターラー」と呼ばれ、河に溺れそうになった僧を救うために出現し、救済の後、そのまま河で石像になったのを運んできた像であるといわれる。三つ目と四つ目のターラー像は、いずれも「笑うターラー」として知られ、笑うことで災厄を取り除いたというエピソードをもつ。笑った姿のままであるため、この名前がある。

ブッダガヤには奇跡や奇瑞を示すさまざまな聖遺物があり、チュージェペルによれば、たとえば、有名な菩提樹はもちろん、釈迦の舎利や仏歯、仏髪、龍王のほら貝、龍樹の作った欄《らん》楯《じゅん》などがあったらしい。四体のターラー像も同じ類のもので、おそらくこれらの聖遺物とともに、参拝に訪れた人びとに「これぞかくかくの像である」と、まことしやかに示されたのであろう。しかし、チュージェペルがターラー以外の仏像について、このようなエピソードとともに語ることはない。人びとの信仰の対象として人気が高かったからこそ、ターラーが取り上げられたのであろう。

2　インドのターラー

エローラ石窟のターラー

現存するインドのターラー像で、最初期の作例が集中して見られるのは、インド西部マハーラーシュトラ州にある有名な遺跡エローラ石窟である。作例数は二〇を超える。エローラ石窟は六世紀頃からの造営であるが、ターラー像が遺る窟が作られたは七世紀から八世紀頃なので、玄奘がインドに滞在した頃に重なる。また、石窟が完成した後に追刻された作品もあると考えられ、制作の時期にはかなりの幅がある。

エローラ石窟のターラーは、その図像学的な特徴や石窟内の位置などから、以下の三つのパ

図1-2　観音、ターラー、ブリクティー
エローラ第12窟（上）

図1-3　ターラー　エローラ第12窟

ターンに分類することができる。
①一面二臂で右手は与願印を示し、左手にウトパラを持つ。遊戯《ゆげ》坐《ざ》で坐り、しばしば観音の脇侍となる（図1―2）。
②祠堂の守門神の一人として入口近くに置かれ、財宝神ジャンバラと対となる。結跏趺坐《けっかふざ》、あるいは半跏坐で坐る。持物は①と同じ（図1―3）。
③一面二臂で立像。右手は与願印、左手の持物はウトパラと推測される。作例は少ない。

このうち、①はターラーの一般的な姿として、その他の地域でも広く流行する。②については、同じ形式のターラーが他の地域でも見られるが、守門神としてではない。特定のターラーや脇侍としてのターラーにのみ現れる。③はエローラにおいて作例数が少ないため、特徴を抽出するのが困難である。

ターラーを説く漢訳経典

ターラーの作例は東インドに栄えたパーラ朝の版図であったベンガル地方、ビハール地方、そしてその南に位置するオリッサ地方で爆発的に流行した。その形式は、エローラでも一般的であった一面二臂、右手は与願印、左手はウトパラを持ち、遊戯坐で坐る姿である。しかし、その圧倒的な人気にもかかわらず、ターラーを説く文献は意外に少ない。

漢訳経典としては、不空羂索《ふくうけんさく》観音の功徳を説く『不空羂索神変真言経』（大正蔵二〇巻、一〇九二番）と『大方広曼殊室利《だいほうこうまんじゅしり》経』が主なもので、この他、『一字仏頂輪王《いちじぶっちょうりんのう》経』（大正蔵一九巻、九五一番、二四七頁下）や『摂無礙《しょうむげ》経』（大正蔵二〇巻、一〇六七番、一三二頁上）がある程度である。経典以外では成就法《じょうじゅほう》を集大成した『サーダナマーラー』の中に、二〇余りのターラーの成就法が含まれ、同書の中では成就法の種類の多い尊格になるが、その大半は、特殊な名称と尊容をもったターラーたちである。

『サーダナマーラー』に説かれるこれらのターラーについては、後ほど詳しく紹介することとして、二種の漢訳経典中のターラーについての記述を見ていこう。

『不空羂索神変真言経』では「清浄無垢蓮華王品第十一」に「左手はへその下のあたりで掌を上向きに広げ、青いウトパラを持し、右手は掌を上に揚げる」とある（大正蔵二〇巻、二六八頁下）。同じ姿のターラーが他の二箇所でも説かれる（同、二七〇頁上、三九四頁上）。これに対し、「無垢光神通解脱壇三昧耶像品第四十六之一」では不空羂索観音のマンダラが説かれ、その周囲の眷属尊の一人にターラーがあげられる（大正蔵二〇巻、三四二頁下）。その姿は一面二臂で、かすかに頭を下げて、両手で合掌して、半跏趺坐で坐る。頭をかすかに下げて合掌するのは、主尊の観音に対して礼拝する姿を示している。

すべての仏の母

『大方広曼殊室利経』は四つの部分からなる比較的短い経典である。大正蔵にはこのタイトルで収録されているが、経典の主役は観音とターラーで、曼殊室利すなわち文殊が特に重要な役割を果たしているわけではない。実際、この経典は「観自在多羅菩薩儀軌法」という経題も伝えられており、むしろこのタイトルの方が内容に即している。

同経の四つの部分のいずれにもターラーが登場する。はじめの「観自在菩薩授記品」では、ターラーの図像的な特徴は説かれないが、ターラーがいかなる仏であるかの興味深い記述がある。観自在菩薩が「普光明多羅三昧」という三昧に入ると、右の瞳から大光明を放って、光明とともに「妙女」の形を現じることが説かれる。すでに紹介したターラー出現の様子を説いた部分である。

ターラーを称賛する内容が続き、ターラーは慈母であり、天も人も夜叉も、誰ひとりとしてターラーの子でないものはない。それゆえ、「世間母《せけんも》」と呼ばれることなどが説かれる。そして、観音をはじめとする大乗菩薩たちもすべてターラーの子であることから「般若母」でもあり、三世の諸如来の母でもあるという。つまるところ、世界のすべての生命の源であるというのであるが、最後の「仏の母」というのは、釈迦の母の摩耶夫人を連想させる。ただし、摩耶夫人は釈迦のみの母であるが、ここでは三世の諸仏すべての母になっている。これによく似た「母」は『華厳経』「入法界品」に登場する五三の善知識のひとりとしての摩耶夫人である。

この女性は釈迦の母と同じ名をもち、実際に釈迦の母の摩耶夫人その人であるのだが、それとともに、三世の諸仏の母でもあると、自らの本性をあかす。諸仏はこの摩耶夫人から生まれ、出家し、悟りを開き、教えを説いた後、涅槃に入る。その諸仏がすべて、ひとりの母から生まれたというのである。ターラーはまさにこの母と同じイメージで語られていることがわかる。

マンダラに描かれるターラー

続く第二品「観自在多羅菩薩経曼荼羅品第二」では、観音やターラーを含む曼荼羅が説かれる。ただし、マンダラの中尊はこれらの仏ではなく釈迦である。その脇侍として、右に観自在菩薩、左に金剛蔵菩薩が描かれ、さらに八大菩薩や降三世明王《ごうざんぜみょうおう》、馬頭《ばとう》明王などが主尊の後ろから取り囲む。

ターラーがいるのは、釈迦が坐す獅子座の下にある蓮華の池である。池の中には妙なる宝蓮華があり、そこからは紅の玻璃のような赤い大光明を放たれ、その蓮華に坐しているのがターラーである。ターラーは左手に青蓮華（ウトパラ）を持ち、右手はへそのあたりに置いて、禅定の姿勢をとる。これもターラーの出現を示す記述として、すでに紹介した内容によく似ている。右手の印が与願印ではないが、左手の持物として広く見られるウトパラがあげられている。坐勢は左手を定印のように置くところから、結跏趺坐か、あるいは半跏趺坐であったと考えられる。これらは『不空羂索神変真言経』の不空羂索観音の脇侍のターラーと同じ特徴である。

第三の「観自在多羅菩薩経画像品」においても、釈迦を中心としたマンダラが説かれる。釈迦の左には文殊、右には観音が脇侍として置かれ、彼らに続いてターラーを描くことが説かれる。体の色は「緑黄色」で、「盛年の形」すなわち大人の女性の体つきで、憐愍の微笑を浮かべ、観自在菩薩に向かって体を曲げて坐っている。その視線は観音の下にいる行者に向けられている。左手には青蓮華を持ち、右手は吉祥果を執る。右手はおそらく与願印に小さな果実を載せたようなイメージなのであろう。与願印を示す右の掌に、何か丸い小さなものをのせたターラー像も、実際に存在する。

最後の「観自在多羅菩薩第二画像品」でもターラーや観音を含むマンダラが説かれる。ただし中尊は釈迦ではなく無量寿である。ここでのターラーは無量寿の右脇寺の観音のさらに右に位置する。妙宝で体を荘厳し、身色は「緑黄色」、合掌して青蓮華を捧げて半跏で坐る。体を曲げて恭敬を示すのは、前例と同じである。ここでのターラーはこれまで左に持っていた青蓮華を、合掌した手にはさんでいる。

観音のまわりには、ターラーの他にブリクティー、一髻《いちけい》羅刹《らせつ》、馬頭菩薩も描かれる。彼らの姿は、ターラーが主尊となった作例において、脇侍としてしばしば登場する仏たちである。

この『大方広曼殊室利経』は短い経典でありながら、ターラーについて比較的詳しい情報が含まれている。その尊容についても、とくに言及のない第一品を除き、いずれも具体的なイメージが示されている。このうち、左手にウトパラ（青蓮華）を持つという特徴は、インドのターラー像に広く見られるが、もう一方で、観音の方を向いて合掌している姿も説かれている。これも『不空羂索神変真言経』に含まれるターラーにおいて同様に見られた。

合掌するターラー

文献の中では合掌するターラー、もしくはウトパラを持ち合掌するターラーが説かれているが、インドに残るターラーの作品で、この姿をしたものはほとんどない。そこでは、右手は与願印で、左手にウトパラを持つ。ただしそれは単独尊、もしくは脇侍を伴う三尊形式の主尊としてのターラーのことである。ターラーが脇侍として表されるときに限って、この合掌する形式のターラーが出現する。

ターラーが脇侍となるときの主尊は観音である（図1-4）。ターラーと対となる脇侍はブリクティーが圧倒的に多い。脇侍が二尊ではなく、三尊もしくは四尊のこともあるが、その場合、馬頭そして善財童子が加わる。馬頭は日本では馬頭観音として知られているが、インドでは忿怒形で馬頭明王と呼んだ方がふさわしい。これらの二人の男尊のみを脇侍とする作例も、ターラーと馬頭の二尊を脇侍とする作例もあるが、少数である。

図1-4　ターラーとブリクティーを脇侍とする観音
クルキハール出土、インド博物館

脇侍としてのターラーも、ほとんどが右手が与願印で、左手にウトパラを持つが、右手は与願印に加えて施無畏印を示す作品も多い。これは、脇侍の場合、ターラーが坐像ではなく立像となることとおそらく関係する。立像の脇侍のターラー（図1-5）は、左手を下げた状態でウトパラを持つが、右手も与願印にすると、右手も下向きになり、バランスが悪い。右手を施無畏印にすることで、メリハリのついた手の位置関係ができる。右手で与願印を示すターラーをベースに、いわばデザイン上の配慮で施無畏印のイメージを作り出したのであろう。逆に、ウトパラを持った左手が肘を曲げて上にあげられている場合、右手はおおむね与願印を示している。

これに対し、合掌する脇侍のターラーは、まったく別のタイプの図像である。『不空羂索神変真言経』や『大方広曼殊室利経』で説かれていたこのタイプのターラーに一致するが、そこでも観音の眷属として、その横や近くにいた。観音に向かって崇拝している姿にせよ、という記述は、脇侍の特徴として、実際の作例でも明瞭に表されているのである。

このような合掌する脇侍のターラーは、パーラ朝の版図からは、ベンガル地方から一例のみが確認されている。そこでは、合掌した両手からウトパラの茎が伸びて、その先に花を咲かせている。しかし、これを除くと、ベンガルやビハールからの出土例は知られていない。

これに対し、オリッサ地方からは複数例の出土がある。ただし、その手の形は単なる合掌で

図1-5　ターラーとブリクティーを脇侍とする観音　ナーランダー出土、ナーランダー考古博物館

図 1-6　観音の脇侍のターラー
ウダヤギリ遺跡

図 1-7　多羅　御室版大悲胎蔵生曼荼羅

はなく、左手は蕾をつけたウトパラの茎を握り、右手でその花弁を開くしぐさを示す（図1-6）。合掌に似た形ではあるが、明らかにそれとは区別している。

　日本密教で重視される曼荼羅のひとつ胎蔵曼荼羅には、ターラーが描かれている（図1-7）。日本に伝わる数少ないターラーのイメージである。胎蔵曼荼羅の向かって左の区画、蓮華部院に含まれ、聖観音のすぐ下に位置する。そこのターラーは、右手与願印、左手ウトパラの一般的なターラーの姿ではなく、合掌した姿で描かれている。半跏で坐り、掌を少しふくらませたように胸の前で手を合わせている。

　空海が請来した曼荼羅の系統では、このような姿でターラーは描かれるが、それとは別の系統の図像では、合掌する手に、蕾を付けたウトパラの茎をはさんでいる例がある（『叡山本大

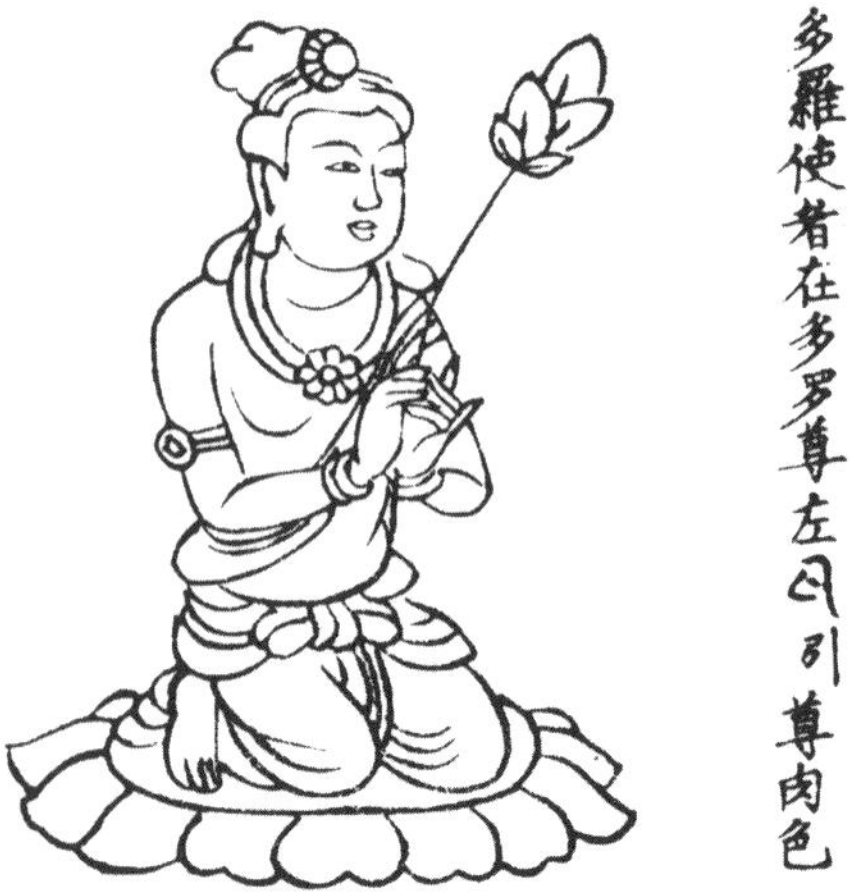

▲図 1-9　多羅使者　御室版大悲胎蔵生曼荼羅

▶図 1-8　多羅　叡山本大悲胎蔵生曼荼羅巻下

悲胎蔵大曼荼羅巻下』大正蔵図像部二巻、六六八頁、図1-8)。合掌する図像も、そこにウトパラをはさむ図像も『大方広曼殊室利経』のような文献で説かれているため、もともと別の図像がそれぞれ伝えられたと考えられるが、ひょっとしたら、ウトパラの茎をはさむ手が単なる合掌と間違えられたり、場合によっては、オリッサの脇侍のターラーのように、ウトパラの花弁を開くしぐさが、合掌にされてしまったのかもしれない。ちなみに、空海の請来本の系統でも、ターラーのかたわらに描かれる「使者」は、合掌する手にウトパラの茎をはさんでいる(大正蔵図像部一巻、六七一頁、図1-9)。

『サーダナマーラー』のターラー

成就法を集成した『サーダナマーラー』に

は、多くのターラーの成就法が収録されている。そのいずれにおいても、ターラーは特別な名称を持っている。これはターラー以外の女尊にはほとんど見られないことで、女尊以外の菩薩や明王でもあまり一般的ではない。

特定の名称を関した尊名をもつ代表的な仏は観音である。一般に観音は変化《へんげ》する仏として知られ、その変化した姿に応じた名称で呼ばれる。そして、それらを総称して変化観音と呼ぶこともある。ただし、注意しなければならないのは、変化観音には『法華経』の「普門品」(後に独立して『観音経』となる)に由来する三十三変化身のグループと、密教経典、とくに陀羅尼を説く経典におもに登場する密教系の変化観音があることである。十一面観音や不空羂索観音などはこの密教系の代表的な変化観音である。中国や日本では、さらに馬郎婦観音や楊貴妃観音、さらにはマリア観音ような特異な変化観音も現れる。これらは第三の変化観音とも呼ぶべきグループで、当然、インドには存在しない。

多くの種類のターラーが現れるのは、このうちの密教系の変化観音とよく似ている。中には、観音の図像の一形態として流行した「八難救済観音」(図1−10)と呼ばれる形式を、そのまま踏襲したようなターラーもいる(図1−11)。密教系の変化観音と同様、特別な名称を持つターラーも、ほとんどその起源や成立は明らかではない。文献にその来歴を示すような神話や伝承は含まれない。例外として、今あげた「八難救済のターラー」が、そのモデルである「八難救済観音」と同様、『法華経』「普門品」に結びつけられるが、これは特別なケースである。もち

▲図 1-10　八難救済観音　アウランガバード第７窟

◀図 1-11　八難救済ターラー　ラトナギリ出土、パトナ博物館

ろん、『法華経』にはターラーは登場せず、観音の役割をそのままターラーに与えてできた図像である。「変化ターラー」という名称はないが、多様な種類のターラーが信仰されていたことは、ターラーに対する信仰がインドでは顕著であったとともに、密教の時代において、観音とターラーが強い結びつきを持っていたことを予想させる。

『サーダナマーラー』に説かれるさまざまなターラーは表1のとおりである。このうち、後にチベットでも受け継がれた二種類のターラー、すなわち八難救済ターラーと死を欺くターラーについて紹介しておこう。

表1 『サーダナマーラー』に説かれるターラー

番号	名称	面数	臂数	身色	持物（右）	持物（左）	姿勢	脇侍	その他
89	カディラヴァニーターラー	1	2	不明	与願印	ウトパラ	不明	アショーカカーンターマーリーチー、エーカジャター	
90	マハッタリーターラー	1	2	緑	与願印	茎のついた青蓮華	結跏趺坐		
91	ヴァラダターラー	1	2	緑	与願印	青ウトパラ	半跏	アショーカカーンター、マハーマーユーリー、エーカジャター、ジャーングリー	
92	ヴァシャーディカーラターラー	1	2	緑	与願印	青ウトパラ	バドラ坐		
93	金剛ターラー	4	8	金	金剛杵、羂索、ほら貝、矢	金剛鉤、ウトパラ、弓、期剋印	結跏趺坐	マンダラ諸尊	五仏の宝冠をいただく
94	金剛ターラー	4	8	金	金剛杵、矢、ほら貝、与願印	ウトパラ、弓、金剛鉤、金剛羂索を持ち期剋印	金剛結跏趺坐	マンダラ諸尊	
95	金剛ターラー	4	8	黄	金剛杵、羂索、ほら貝、矢、与願印	金剛鉤、ウトパラ、弓、期剋印	金剛結跏趺坐	マンダラ諸尊	
96	金剛ターラー	1	2	不明	与願印	青ウトパラ	金剛結跏趺坐		
97	金剛ターラー	4	8	金	金剛杵、羂索、矢、ほら貝	黄ウトパラ、弓、鉤、金剛鉤、期剋印	金剛結跏趺坐	マンダラ諸尊	
98	ターラー	1	2	不明	与願印	わずかに開いた青蓮華	半跏		
99	八難救済ターラー	1	2	不明	与願印	ウトパラ	半跏		
100	マハーチーナクラマ・アーリヤターラー	1	4	不明	剣、カルトリ	ウトパラ、カパーラ	展左で死体にのる		三眼、八龍の装身具、虎皮裙、生首の飾り、五印
101	マハーチーナクラマ・アーリヤターラー	1	4	不明	剣、カルトリ	ウトパラ、カパーラ	展左で死体にのる		三眼、八龍の装身具、虎皮裙、生首の飾り、五印
102	死を欺くターラー	1	2	不明	与願印	ウトパラ	金剛結跏趺坐		
103	死を欺くターラー	1	2	白	与願印	ウトパラ	金剛結跏趺坐		
104	白ターラー	1	4	白	如意宝を持った与願印、ウトパラ印	ウトパラの華鬘、ウトパラ印		マーリーチー	マハーマーユーリー
105	六臂白ターラー	1	6	白	与願印、数珠、矢	ウトパラ、蓮華、弓	半跏		
106	アーリヤ・ジャーングリー・ターラー	1	4	白	ヴィーナー、白蛇	ヴィーナー、施無畏印	薩埵跏趺坐		白蛇の装身具
107	ダナダターラー	1	4	不明	数珠、与願印	ウトパラ、経典			
110	金剛ターラー	4	8	金	金剛杵、羂索、ほら貝、矢	金剛杵、鉤、ウトパラ、カールムカ樹	金剛結跏趺坐	マンダラ諸尊	
111	ドゥルガー・ウッターリニー・ターラー	1	4	緑	鉤、与願印	羂索、青ウトパラ	蓮華坐		
112	死を欺くターラー	1	2	不明	与願印	ウトパラ	金剛結跏趺坐		
114	一切の目的を成就させるすばらしきターラー	8	16	黄色	さまざまな武器	さまざまな武器	展左（四足）		足の下にはインドラ、ウペーンドラ、ルドラ、ブラフマー
115	アーリヤターラー・バッターリカ	1	4	赤？	羂索、剣	ウトパラ、鉤			
116	マハーシュリーターラー	1	2	緑	説法印	説法印	不明	エーカジャター、アショーカカーンター、ジャーングリー、マハーマーユーリー	

八難救済ターラーの二つの形式(1)

『サーダナマーラー』の第九九番は八難救済ターラーの成就法である。すでに簡単に紹介したように、この姿のターラーは、八つの災厄から人々を救済する観音がまずはじめにあり、その観音をターラーに置き換えたものである。

八難救済観音が『法華経』「普門品」から生まれたことはすでに述べた。ただし同経には火難、水難、風難、刀杖難、悪鬼難、枷鎖難、怨賊難の七難は説かれるが、八難に一つ足りない。観音の所難救済を説く経典は『法華経』以外にもいくつかあり、そのうち、八難を説くものとしては『仏説一切仏摂相応大教王経聖観自在菩薩念誦儀軌』(大正蔵　第一〇五一番)があり、鬼難が加えられて八難になる(頼富　一九八四、四二四頁)。

観音の諸難救済を表した作例は、インドの中でも、とくに西インドのマハーラーシュトラ州の石窟に多くの作例が遺る。アジャンターやアウランガバード、カーンヘリーなどの著名な石窟である。現在までに少なくとも一〇例以上が知られている。石窟の年代や様式から、これらの作品は六世紀から八世紀ころにかけて制作されたと考えられている(山田　一九七九)。その中でも、アウランガバード第七窟や、カーンヘリー第四一窟の作例は、とくに優れていることでよく知られている。

現存する八難救済ターラーの作例が、これらよりも遅れることは明らかで、観音諸難救済図があってはじめて生まれた形式である。ところが、不思議なことに観音の諸難救済図が流行したマハーラーシュトラ州からの作例は皆無で、東インドのオリッサ、ベンガル、ビハールからそれぞれ二例ずつ、合計六例が確認されている。おそらく、マハーラーシュトラからオリッサにまず伝えられ、その後、北にあるビハール、ベンガルに広がっていったと考えられる。オリッサの密教美術はいろいろな点でマハーラーシュトラの石窟の尊像彫刻の影響を受けているのに対し、パーラ朝の美術とのつながりはそれに比べて希薄であることから、そのように推測される。

オリッサの二例はいずれもラトナギリ僧院跡から出土している。一点は現地に置かれ、もう一点はパトナ博物館が所蔵している。このうち、比較的保存の良好なパトナ博物館の作例の特徴を見ると、中央に立像のターラーを大きく表し、その左右に縦一列に四つずつの区画を並べて、諸難救済の場面を表す。いずれも、災厄にあった人物の上にターラーが飛来する姿が表されている。中央のターラーは一面二臂の一般的なターラーの立像で、腕は欠失しているが、右手で与願印を示し、左手にはウトパラを持っていたと考えられる。

この形式はマハーラーシュトラ州の観音の諸難救済図とほとんど同じである。そこでも中央に正面向きの二臂の観音立像を置き、左右に八難からの救済の場面を同じように並べる。観音は右手で与願印もしくは施無畏印を示し、左手は蓮華の茎を手にする。花の種類のような細部はもちろん異なるが、全体的なイメージはほとんど変わらない。諸難救済の場面に観音が脚を後ろに蹴り上げて飛来してくるポーズも、ターラーとうりふたつである。

八難救済ターラーの二つの形式(2)

これに対して、パーラ朝のベンガル、ビハール地方の八難救済のターラーは、おもむきが異なる。保存状態のきわめてよいダッカ国立博物館の八難救済ターラー（図1‐12）で、そのことを確認しよう。

一面二臂をそなえ、右手で与願印、左手にウトパラを持つ点は、一般のターラーと同じであるが、姿勢が立像から坐像になっている。しかもその左右には、右脇侍としてアショーカカーンターマーリーチー、左脇侍としてエーカジャターが置かれている。八難からの救済の場面は、これらの二脇侍の頭の上の方にあり、光背の左右の縁の部分に並ぶ。その位置はこれまでの諸難救済図と基本的には同じであるが、それぞれの場面の表現方法が異なり、中央のターラーと同じ姿をした坐像のターラーが、それぞれの区画のほとんど全体を占め、その向かって右側のごく細い縦長のスペースに、救済される人物を置く。その多くは右手を挙げ、さらにその足もとには災厄をもたらす獣や盗賊なども小さく表されていることから、かろうじて諸難救済の場面であることがわかるが、そのつもりで注意深く観察しなければ、坐像のターラーとそれに参拝する人物にしか、おそらく見えないであろう。

八難救済ターラーを説く文献としては『讃揚《さんよう》聖《しょう》徳《とく》多羅《たら》菩薩一百八名経』（大正蔵二〇巻、一一〇六番）のみが伝えられているが、翻訳者は宋代の天息災で、おそらくインドの作例よりも翻訳年代は遅れる。インドでこの文献が流布していた確証もない。そもそも、この経典には諸難の名称が列挙されるのみで、その詳しい描写は含まれず、二脇侍についての言及もない。作品の典拠とは見なしがたいのである。

『サーダナマーラー』の八難救済ターラーの成就法は、これとも別の簡略な内容である。中心のターラーは一面二臂で、右手は与願印、左手はウトパラの組み合わせである。坐像であることも明記され、これだけ見れば、ダッカ国立博物館の作品とよく一致する。しかし、周囲の八難救済についての説明はほとんどなく、わずかに「ターラーの周囲の空いているところに、

図 1–12　八難救済ターラー　ソームパラ出土、ダッカ国立博物館

ターラーの姿をした女神（devī）を観想せよ」と述べるにとどまる。諸難の名称も、その具体的なイメージもまったく説明されていないのである。

おそらく、『サーダナマーラー』をもとに八難救済ターラーの成就法を実践するものは、ダッカ国立博物館のような作品を実際に見ていたのであろう。実物があったか、かつて見たことがあれば、『サーダナマーラー』程度の説明でも、そのイメージを作り出せたはずである。

逆に、『サーダナマーラー』の記述そのものも、このような作品を参考にした可能性が高い。諸難が何であり、どのような場面であるかをまったく説明せず、「八難救済ターラーの成就法」であるといっても、それを知らないものには瞑想などできるわけがない。『サーダナマーラー』で「ターラーに似た女神たちを観想せよ」と指示しているのも、実際にダッカ国立博物館の作例のように、中央のターラーとよく似たターラーたちを諸難の場面を、まさに「空いているところ」に表していたからこそ、このような指示が出現したのである。

死を欺くターラー

「死（あるいは死魔）を欺くターラー」（mṛtyuvañcanatārā）という名称のターラの成就法が、『サーダナマーラー』には三編おさめられている。その名のとおり、死、あるいは死をもたらす魔を退ける役割のターラーである。インド密教の学僧の一人ヴァーギーシュヴァラキールティ（一〇世紀後半～一一世紀前半）の著書『死（あるいは死魔）を欺くための教え』

(mṛtyuvañcanopadeśa) にもとづき、そこに含まれるターラーの観想法のみを取り出してまとめた成就法であることが指摘されている（桜井　二〇〇〇、以下の記述も同論文による）。

ヴァーギーシュヴァラキールティの著作は、外的な死の予兆、内的な死の予兆、死を欺くための外的な方法、死を欺くための内的な方法という四つの部分で構成されている。外的な死の予兆とは、死期を迎えた人に起こるさまざまな身体的な変化で、内的な死の予兆とは、主として呼吸に見られる変化である。このような知識は、密教独自のものではなく、インドで広く知られた医学や占術などの分野の文献に同様の情報が含まれる。密教はそれを成就法と結びつけて、延命や不老長寿を願ったのであろう。

後半の「死を欺く方法」については、はじめの外的な方法として、仏塔の建立やマントラの念誦などの所作を指し、内的な方法においては尊格の観想法が用いられる。ターラーの成就法も後者に含まれ、その内容が『サーダナマーラー』にまとめられているのである。

ただし、「死を欺く」という役割を担ったターラーの成就法とされるが、特別な内容をもつものではない。ターラーの観想に必要な身体的な特徴と瞑想のときに唱えられるマントラが説明される程度である。マントラが「死を欺く」ための内容を含むことは当然であるが、ターラーの身体的な特徴にそれほど特別な要素はない。

一面二臂で右手は与願印を示し、左手はウトパラを持つ。一六歳の少女の容貌をそなえるというような説明も見られるが、女尊を形容するときの常套句の一つで、とくに若い女性の姿の女尊を瞑想するからといって、若返るわけではない。

身色と坐法

その中で、このターラー固有の特徴として注目すべきは身体の色である。一般的な特徴をもつターラーの身色は、緑色であった。表1に含まれるカディラヴァニー・ターラーのように、おそらく樹木と結びついたターラーはもちろんであるが、それ以外のターラーも同様である。やはり表1にある金剛ターラーのみは黄色、もしくは黄金色であるが、これはこの女尊の位の高さによるもので、ターラー本来の色ではないであろう。ターラーは四仏の一人である不空成就の明妃となることもあるが、不空成就も身色は緑で、両者は一致している。

密教において白は特別な意味をもつ。息災の儀礼が白と結びついているのである。密教儀礼には四種の基本的な儀礼をまとめた四種法と呼ばれるものがある。四種とは息災・増益・敬愛・調伏である。息災は無病息災という言葉もあるように、災いや不幸をなくす儀礼で、息災の儀礼を行うときは儀礼のための調度や道具、行者の衣、供物などを白に統一する。ちなみに、残りの三種は、増益が黄色、敬愛は赤、調伏は黒（あるいは青）が基本色となる。

死を欺く法とは、まさに息災そのものである。死という災いを避け、不老長寿を求めることは、そのまま息災の目的と一致する。死を欺くターラーの身色に最もふさわしいのが、息災の白なのである。

もうひとつ、死を欺くターラーのもつ重要な身体的な特徴が坐法である。坐像のターラーの場合、金剛ターラーは結跏趺坐であったが、一般的なターラーは遊戯坐である。面数や臂数、持物などは一般的なターラーと同じ「死を欺くターラー」であるが、坐法は遊戯坐ではなく、結跏趺坐をとる。見方を変えれば、一般的なターラーの身色を緑から白に変え、坐法を遊戯坐から結跏趺坐にすれば、死を欺くターラーができあがる。

3 チベットのターラー

吐蕃王朝

ターラーはチベットでも大いに流行した。菩薩における観音が、男尊としては突出して人気を博したが、ターラーの人気はそれに匹敵する。男尊ならば観音、女尊ならばターラーというすみわけがなされているようにも見える。

実際、インド以来の図像の伝統を受け継ぐ観音とターラーは、そのイメージをチベットでもよく保っている。ターラーのチベット名は「ドルマ」(sgrol ma) で、「救済者」を意味するが、その名前は一般の女性の名前としても好まれた。ターラー(ドルマ)はそれだけ人々に親しまれた仏なのであろう。

チベットは吐蕃王朝のソンツェンガンポ王がはじめて国内を統一したと伝えられるが、その妃として迎えられた二人、すなわち中国からの文成公主と、ネパールからのティツンが、それぞれ白ターラーと緑ターラーの化身といわれることもある。すでに述べたように、白ターラーと緑ターラーは、インド密教においてすでに別個のターラーとして信仰されてきたが、チベットではターラーの代表的な二つの形態として定着していく。

ソンツェンガンポの二人の妃をこの二種のターラーの化身としたのは、おそらく後世の人々であろうが、ちょうどソンツェンガンポ王が観音の化身として、人々の間に定着していったことと連動しているのであろう。観音とターラーを一組のカップルとしてとらえていたのである。

観音の化身としてはダライ・ラマが一般によく知られているが、さらにそれを遡り、吐蕃王朝の王たちもその生まれ変わりであるという信仰もつくられていった。もちろん、これはダライ・ラマ政権が自らの正統性をアピールすることで、観音の国であるチベットが、古代より存在していたという主張がさらに補強されることになる。

吐蕃王朝時代のターラーの作品は現存してないようである。チベットに遺るターラーの作例で、最古層に属し、しかもとりわけ有名なのがアルチ寺三層堂の壁画のターラーで、複数ある。

ラダックのアルチ寺

そのうちの一つは、八難救済のターラーを表した作品で、三層堂第二層の壁面に描かれている（図1－13）。中央に立像で表されているターラーの周囲には、八難をまぬがれようとする

図 1-13　八難救済ターラー　アルチ寺三層堂　加藤敬撮影

人々と、その場に飛来してくるターラーが描かれている。これは、すでに見たインドの八難救済ターラーのうち、オリッサのそれと同じ形式であり、観音八難救済図の形式を直接受け継ぐものである。

インドではもうひとつ、ベンガルやビハールで流行した、坐像タイプで救済の場面が小さく表された形式があったが、おそらくそれよりも古いオリッサの形式が、ラダックに遺されているのは興味深い。インドにおける地域的な差異が、時代による発展形態の違いも反映しているのかもしれない。

もうひとつの三層堂で注目すべき作品は、第一層の壁画である（図1-14）。三層堂の第一層は、入口を除く三方

図 1-14　六臂のターラーを中心としたターラー五尊　アルチ寺三層堂　加藤敬撮影

に、弥勒・文殊・観音の塑像の立像が置かれている。いずれも三層にまで届く巨大な像で、第一層の天井でも、その脚部にしか届かない。このうち、入口から見て左側に立つ観音の壁面に、五体の女尊がいる。中央に大きく六臂の女尊の坐像があり、その左右に二体ずつの、ややこぶりの女尊が上下に重なるように描かれている。向かって左上が四臂の立像、右上が四臂の坐像で、いずれも正面向きである。左右の下の女尊は、それぞれ内側を向いて立ち、向かって左が二臂、右が四臂である。五体の女尊はいずれも身色は緑である。

　このうち、中央の女尊はラダックの壁画の中でもとくによく知られた作品で、さまざまな出版物などで頻繁に紹介されてきた。ラダックにとどまらず、チベットの仏教絵画の中でも最もよく知られた作品のひとつである。従来、この作品は般若波羅蜜の名称で紹介されることが多かった。筆者自身も、般若波羅蜜を解説した文章で、この作品を取り上げてきた。ただし、チベットで一般的な般若波羅蜜が、二臂もしくは四臂であるのに対して、六臂というのは特異であるという指摘は加えた。

般若波羅蜜とする根拠は、この尊が左手の上の手に持つ経典である。これはおそらく般若経で、般若波羅蜜の持物として、必ずその手に保持されてきた。また右の手のひとつには数珠を持っているが、これも般若波羅蜜の持物のひとつとして定着している。

従来の研究でも、般若波羅蜜という解釈が主流であったが、近年、ターラーと見なす研究者も現れてきた（Chandra 2007）。なかには、般若波羅蜜とターラーの折衷的な図像で、「般若波羅蜜ターラー」と呼ぶ研究者もいる。ただし、他の研究者の理解は得られていないようである。

『サーダナマーラー』で説かれる何種類ものターラーの中で、この六臂像と持物が正確に一致するものは含まれない。しかし、六臂、持物の経典と数珠、さらに右の第一臂に持つ鉤《かぎ》は、いずれも、ターラーのいずれかには現れた。残りの二臂は与願印を示し、そこから青いウトパラが伸びている。別々の手ではあるが、この特徴もターラーに広く見られた。

左右の四尊の女尊については、個別の検討は省略するが、一部は『サーダナマーラー』のターラーにほぼ一致するものもいる。何よりも、身体の緑は、女尊の中ではターラーの色として広く知られている。ちなみに般若波羅蜜は、白もしくは黄色（あるいは黄金色）であり、緑はまったく現れない。

中央のターラーの光背上部には、小さな円形の区画が五つ、山型に配され、五仏が描かれている。その中央で、ターラーの真上には不空成就がいる。光背に仏をならべる形式は、インドのパーラ朝で流行したが、中央の主尊との関係を示すことがあり、その仏が属する部族の主(kuleśa)が選ばれるのが一般的である。たとえば、観音ならば阿弥陀如来、マーリーチーであれば大日如来といったパターンが確認される。不空成就はターラーの夫にあたる仏であり、五仏の中では当然、ターラーと最もつながりが深い。

この壁画が描かれている壁面に、大きな観音の坐像が置かれていることも関連付けられる。観音とターラーが並んで表されるのは、エローラ石窟をはじめ、インドでは多くの作品に見られた。逆に般若波羅蜜が観音とともに表される作例は皆無で、両者を結びつける理由はほとんどない。

緑ターラーと白ターラー

チベットのターラーの中で、アルチ寺三層堂第一層の六臂のターラーは孤高の存在である。これに類する姿のターラーは他の地域では見ることができない。中央チベットをはじめとし、チベットで広く見られるターラーは、一面二臂で緑(図1-15)、もしくは白い身体(図1-16)の一般的なターラーである。それぞれ、緑ターラー、白ターラーと呼ばれることも多いが、緑

図1-15　緑ターラー　チェットラパティ・シヴァージー博物館

◀図1-16　白ターラー　個人蔵

ターラーについては、『サーダナマーラー』ではそれに該当する呼称はなく、むしろ、ターラーの通常の身色と見なされていたと思われる。

もう一方の白ターラーは、すでにインドの項でとりあげた「死を欺くターラー」の流れを受け継いだターラーと考えられる（田中　一九九〇、二一一～二一四頁）。その証拠に、坐法が遊戯坐ではなく、結跏趺坐である。白ターラーと緑ターラーは、いずれも一面二臂で持物や印も共通であるため、彩色されていない白描のような作品では、一見、区別がつかないように感じるが、坐法から両者は明確に区別できるのである。また、「死を欺くターラー」と同様に息災や延命に功徳があるとされる無量寿や仏頂尊勝《ぶっちょうそんしょう》とともに、白ターラーは「長寿三尊」(tshe lha rnam gsum)の一尊として、数多くのタンカ(チベットの軸装絵画)に描かれている。これは無量寿を中心とする三尊形式をとり、無量寿が赤で、ターラーと仏頂尊勝はともに白なので、三尊で白、赤、白となる。紅白のおめでたいイメージである。

チベットのこのふたつのタイプのターラーについて、緑ターラーの方が位が高いと説明されることもあるが、おそらく正しくないであろう。ターラーを身色によって位づけることはなかったと思われる。白ターラーの色が「死を欺くターラー」に由来し、息災と結びついた特殊な機能を持ったターラーと見るべきであろう。

二十一ターラー

複数のターラーを描いた作品がチベット美術ではしばしば見られる。とくに二一尊のターラーで構成されるのが一般的なので、その形式を「二十一ターラー」と呼ぶこともある(田中一九九〇、二二九〜二三四頁)。『聖なるターラー天女に対する礼拝の二十一讃歌』という経典があり、そこに含まれる二一の讃歌が順に一尊ずつのターラーを称賛する内容になっている。A・ウェイマンによるサンスクリット・テキストと翻訳も発表されている(Wayman 1984)。二十一ターラーのタンカは、この経典に直接もとづくのではなく、その流れを汲む二つの流派の中で生まれた。一つはインドからチベットに招聘された一一世紀の高僧アティーシャに由来するもので、アティーシャ流と呼ばれる（図1–17）。二一尊のターラーがすべて一面二臂で表されるのが特徴である。

もう一方はスーリヤグプタ流と呼ばれるもので、スーリヤグプタという人物の複数の著作にもとづく。とくに、そのうちの一つである『ターラー天女讃による二十一尊の成就法』（TTP, No. 2557）には、各尊の身体的な特徴がコンパクトにまとめられている。それによると、ターラー各尊は多面多臂で、なかには忿怒形の姿をしたものもいる（図1–18）。

図1–17　アティーシャ流二十一ターラー　個人蔵

現在、世界各地に遺されている二十一ターラーのタンカを見ると、このアティーシャ流かスールヤグプタ流のいずれかに相当する。たとえば、河口慧海コレクションの白描図で、田中（一九九〇、二一九～二二〇頁）による解説が付された作品はアティーシャ流であるし、アメリカのボストン美術館所蔵の二点のタンカは、スーリヤグプタ流

図1-18　スーリヤグプタ流二十一ターラー
ボストン美術館

である（栂尾　一九八六、III5-6, III5-7）。

　いずれの形式においても、一枚にすべてのターラーを収める形式と、一尊ずつ一幅ずつ描き、中心に主尊を描いた幅を置いて、その左右に一列に並べた形式とがある。いずれも、チベットのタンカで複数からなる尊格のグループを描くときの代表的な二つの方法である。

チベットの八難救済ターラー

　二一尊ではなく、八尊ないし九尊のターラーで構成されたタンカもある（図1-19）。これも一幅にまとめた場合と、九幅からなる場合の両者がある（田中　一九九〇、二一七〜二一八頁）。このターラーの数は八難救済ターラーに由来する。八尊は八難救済の各場面に相当し、九尊の場合はそれに主尊が加わる。一尊ずつ一幅に描くときは、中心となるタンカが必要なので、九尊であるのが一般的である。明確に八難救済のそれぞれの場面をターラーの近くに描くことも

図1-19　八難救済ターラー　個人蔵

あるが、象や獅子、蛇などの最小限のモチーフのみで描くこともある。あるいはそのようなモチーフそのものが姿を消してしまったものもある。

インドで成立した八難救済ターラーに、立像のターラーを中心に置き、その左右に飛来するターラーによる救済のシーンがはっきりわかる八場面を加えた形式と、坐像のターラーを中心に、こぶりのターラー坐像をならべ、救済のモチーフを極端に小さくかつ簡略に表した形式があった。アルチ寺の八難救済ターラーは、前者のタイプであったのに対し、その他の地域に広く見られるのは後者のタイプで、インドではベンガルやビハール地方で流行した形式に由来する。ここでもラダックの図像の伝統が、チベットでは特別で、かつインドの古いタイプに近いことがわかる。

4　その他の地域

ネパールとインドネシア

ネパールの仏教美術は、しばしばチベットのそれと同じように扱われる。しかし、ネパールにはネパール独自の仏教美術の伝統や体系があり、チベットとの違いをしばしば示す。ターラーについてもこれはあてはまり、インド以来の一般的なターラーの姿も知られているが、それだけではない。ネパール固有のターラーの表現として重要なのが、不空羂索観音の脇侍としてのターラーである（図1―20）。

チベットにも不空羂索観音の作例はあるが、尊容が異なり、チベットでは四臂像が一般的であるのに対し、ネパールでは八臂像で表される。インドでも不空羂索観音はオリッサで流行し、そこでも四臂であったので、ネパールの八臂像はそれとも一致しない。

このネパールの八臂の不空羂索は、脇侍にターラー、ブリクティー、馬頭、善財童子を従える。この脇侍の組み合わせは、インドの観音にも見られ、とくにカサルパナ観音という変化観音に比定される作品に多く現れる。作例数も豊富で、『サーダナマーラー』のような文献にもその記述がある。ネパールではこれらの脇侍をそのまま不空羂索観音の脇侍として利用したのであろう。

なお、ネパールにおいても稀に二臂の観音にこの脇侍の組み合わせが現れることがある。カサルパナ観音もそれ自身は二臂の一般的な観音の姿をとるので、それを直接受け継いだとも考えられるが、八臂の不空羂索観音の脇侍たちを、もう一度、二臂像に適用した可能性もある。

不空羂索観音の脇侍となるターラーは、一面二臂の一般的なターラーの姿で表されることが多いが、なかには、四臂をそなえた作例もある。ターラーと対となる脇侍のブリクティーが通常、四臂を備えているので、それと臂数を一致させているようである。逆に、ブリクティーがターラーと同様に二臂になっていることもある。四臂という特徴はインドにおいては、ドゥルガー・ウッターリニー・ターラーのようないくつかの特殊なターラーに現れたが、それとは図像上の特徴は一致せず、そこからの影響関係はなかったと思われる。

図 1-20　不空羂索観音マンダラ　個人蔵

ターラー、ブリクティー、馬頭、善財童子の四脇侍を伴う観音は、チベットでは白描の図像集の中に含まれることはあるが、独立した作品としてはほとんど見ることがない。インドの伝統がネパールまでは受け継がれたが、

図1-21　不空羂索観音　ジャカルタ国立博物館

チベットでは流行するには至らなかったようである。しかし、意外なところでこの形式が姿を現す。インドネシアのジャワ島である。この四脇侍を従えた大規模な観音像が出土している。ジャカルタの国立博物館（図1－21）やオランダのライデン国立民族博物館が所蔵する作品（田中　一九八九、九一頁）がこれにあたる。このうち、ジャカルタの像はほとんどの腕は欠失しているため、正確な臂数はわからないが、わずかに遺る腕の付け根の部分から、おそらく八臂像であったと推測される。ネパールの不空羂索観音とおそらく同じ系統に属すると考えられ、脇侍の組み合わせも忠実に受け継がれていることがわかる。

ネパールでは、等身大やそれに近い大規模な女尊像がいくつも遺されており、これがターラーと比定されることがある。たとえば、カトマンドゥ市郊外の有名なスヴァヤンブーナート仏塔の敷地内にある二体の女尊像である（図1－22）。いずれも立像で、右手で与願印を示し、左手には蓮華もしくはウトパラを持つ。この特徴はターラーと変わらないが、同じ形式の像が仏

図1–22　女尊像　スヴァヤンブーナート寺院、カトマンドゥ市

教寺院だけではなく、ヒンドゥー教の寺院にもあることから、単純にターラーと比定することには慎重を要する。「女神」（devī）とのみ呼ぶ研究者もいる（Pal 1974, pp. 126-127）。

スヴァヤンブーナートの二体のうちの一体は、右足の膝をやや曲げて、左足とわずかに交差させて立っている。このような姿勢は、単独のターラー像としてはあまり例がない。むしろ、古くはインドのヤクシニー像で好まれたポーズに近く、あるいは釈迦の誕生の場面における摩耶夫人の姿勢にも共通する。さらには、カジュラーホなどのヒンドゥー寺院で装飾的に表される女性像などにも通じるイメージである。おそらく、このような女性像の流れを受け継ぎ、仏教寺院ではターラーとして、ヒンドゥー教の寺院ではたとえばパールヴァティーやウマーなどの女神として崇拝されたのであろう。

日本のターラーの意義

最後に日本に伝わったターラーについて述べておこう。

日本ではターラーに対する信仰はほとんどなく、図像作品もきわめて少ない。わずかに胎蔵曼荼羅の蓮華部院に描かれる程度である。空海が請来した現図系の胎蔵曼荼羅では、かすかに掌をふくらませて緩やかに合掌する優美な姿が描かれている。中国や日本の女尊がしばしば身に付ける襠襠衣《がいとうえ》をまとっている。現図とは別系統の「叡山本大悲胎蔵生大曼荼羅集」では、合掌した手からウトパラの茎が伸びて、その先端に花を付けていることについては、すでに簡単にふれた。

そこでも述べたように、ターラーが合掌する、あるいは合掌した手にウトパラを持つという特徴は、とくにオリッサにおいてしばしば見られた。いずれも観音の脇侍のターラーがこの姿で表された。パーラ朝においても同形式のターラーがわずかに見られたことから、単独の一般的なターラー像よりも古い形式で、とくに脇侍の姿として好まれたことが想像される。日本の胎蔵曼荼羅が、そのようなターラーを受け継いでいるのは興味深い。パーラ朝で流行するよりも以前の密教の流れが、日本密教に及んでいることを示す具体的な事例となる。ただし、オリッサでは、左手に持ったウトパラを右手でかすかに開くしぐさの方が、脇侍のターラーには好まれたようであるが、このイメージは日本のターラーには現れない。オリッサがそのまま日本密教のルーツであるとも、いい切れないのである。

日本に伝わるターラーの数少ない例として、この他に「図像抄」（十巻抄）という白描集（正確には白描に一部彩色のある画像もある）があげられる。ここでのターラーは胎蔵曼荼羅のターラーとは異なり、結跏趺坐で坐り、右手は与願印、左手はウトパラを示す。

結跏趺坐で坐る二臂のターラーは「死を欺くターラー」と共通するが、「図像抄」ではターラーの像は白ではなく緑で彩色されている。結跏趺坐で坐る二臂のターラーは、オリッサの観音の脇侍のターラーにも現れるので、ここでも脇侍のターラーと結びつける方が自然であろう。身色が緑であることは、「死を欺くターラー」の白という身色が特別で、ターラーの本来の身色はあくまでも緑であったことを示す。緑ターラーは遊戯坐、白ターラーは結跏趺坐というチベットのターラーに見られる一種のルールは、限定的であったことがわかる。

日本におけるターラーの作例は、この二つの形式におそらく尽きるが、アジア全域のターラーを鳥瞰することで、その位置づけが可能になるし、逆に、その他の地域のターラーを照射する役割も果たすのである。

第2章

孔雀明王と五護陀羅尼

1　陀羅尼とは何か

記憶する力

陀羅尼《だらに》（dhāraṇī）という言葉は、いかにも密教らしくおどろおどろしい響きをもつ。真言密教の呪文と聞けば、なおさら得体の知れない、しかしなにやらありがたそうなものと思うであろう。しかし、本来、この言葉には呪文という意味はない。「保つ」という意味をもつサンスクリット語の動詞ドゥリ（dhṛ）から作られた名詞で、そのまま「保つこと」という意味である。きわめて一般的な言葉であって、とくに呪文や呪術とはもともと関係がなかった。

密教経典が漢訳されるとき、ダーラニー（dhāraṇī）はそのまま「陀羅尼」となるが、意味でとった場合「総持」とか「憶持」と訳されることもある。この場合、保たれる対象は言葉である。言葉を保つためには記憶しなければならず、そのため、保つことと記憶することが同じとなり、「憶持」などの訳語になる。

言葉を文字で表し、それを記録として残すことがあたりまえと思っている現代人にとって、言葉を記憶することのもつ重要性は見失われがちである。文字がなかった時代はもちろんであるが、文字が生まれた後でも、人間は言葉を記憶することに絶対的な価値を与えてきた。古代ギリシアのホメーロスによる叙事詩『イーリアス』や『オデュッセイア』が、記憶によって伝えられた口承文学であることは有名であるし、インドにおいても『マハーバーラタ』や『ラーマーヤナ』は同じように何百年にもわたって、記憶のみによって伝えられた。インドの正統的な聖典であるヴェーダもまた同様で、テキストが出版されている現代においてもなお、文字を介さずに、師から弟子へと伝授されている。

仏典も同様である。最初期の仏教文献は、すべてこのような口承によると考えられ、正確な伝達のためにさまざまな技術までもが考案された。言葉を憶えるために、信じられないような努力をいにしえの人々は重ねてきたのである。仏教も含めインドの宗教は、他派を論破することに心血を注いできた。論争のさなかに、憶えたはずの文章を忘れてしまったり、記憶があいまいになるなど許されない。書架にある本を見に行くような悠長なことは許されない。論争の中では、パソコンで検索するよりもずっとはやく、自分の中のメモリーをフル回転させ、そこから目当てのパッセージをたちどころに取り出す。記憶することはそのまま力になるのである。若き日の空海が虚空蔵求聞持法という修行を熱心に行ったことは有名であるが、これもすべての経典の字句を大量かつ正確に記憶することに効果があるとされたからである。

陀羅尼の儀礼化とイコンの出現

言葉を正確に記憶し、それを自在に操ることのできる人が特別な存在と見なされたことは、容易に想像がつく。それが言葉そのもののもつ力ととらえられるようになると、言葉＝呪文という図式が成り立つ。陀羅尼が呪文と見なされるのは、このような流れからである。

ただし、その段階では呪文はあくまでも音であり、その音が発せられるだけでよかったであろう。しかし、特定の言葉が呪術的な力をもつと認められ、それを記憶すること、すなわち陀羅尼となっていく段階で、付随的な要素が現れる。たとえば、アクセントや音の強弱のような発音そのものにきまりが生ずるのは自然な流れであろう。

言葉そのものばかりではなく、陀羅尼を唱える時間・場所・状況・方法などにも、同様にそれぞれ規則が生まれる。つまり、陀羅尼を唱えることが儀礼化されていくのである。試行錯誤を繰り返しながら、より効果の高い方法に整えられていくのであろう。より効果的な儀礼であると信じられたら、その方法が他の陀羅尼にも適用されていったことも推測される。規範的な儀礼の出現である。

陀羅尼の中には、特定の神や仏に対する祈願の言葉も数多くあったと考えられる。そのほとんどは、民衆の間で信仰された素朴な神々であり、仏教の仏や菩薩、あるいはヒンドゥー教のヴィシュヌやシヴァのような有名な神仏などではなかった。特定の地域でしか信仰されていないローカルな神や、一部の社会階層の人々によって信仰された神もいたであろう。これらの神々は明確なイメージを有していない。石や樹木のような自然のものが、その神が姿を現したと見なされることも多かった。同じ呪文を唱えても、祈願の対象となる神や仏の姿が同じとは限らないし、むしろさまざまであった方が自然である。逆に、仏教やヒンドゥー教といった枠組みを超えて、共通のイメージが出現することもあった。

これらの神や仏の実際の像、つまり彫刻や絵画による尊像が儀礼の場に登場し、その姿が確立していくのは、このようなプロセスにおいてである。そこでは、儀礼のマニュアルのような文献が成立したことも大きく作用する。このような文献は密教では儀軌《ぎき》と呼ばれるが、多くの儀軌が仏の姿を規定している。規範的な儀礼が確立することにも、このような儀軌は重要な役割を果たした。それまでさまざまであった仏のイメージが、文献の中で固定化されるのである。

ただし、初期の儀軌や、儀軌に相当する内容をもつ密教の経典では、依然として仏のイメージは一定しない。たとえば、不空羂索《ふくうけんさく》観音は代表的な陀羅尼の仏のひとりであるが、この仏を説く『不空羂索神変加持経《ふくうけんさくしんぺんかじきょう》』には、二〇種類を超える異なる姿の不空羂索観音が登場する。経典の作者にとって、不空羂索観音の姿はひとつではなかった。主役はあくまでも陀羅尼であり、その陀羅尼を唱える観音がどのような姿をするかは、儀式次第であったのである。

2　マハーマーユーリーの神話

誕生まで

マハーマーユーリーとは「大いなる孔雀」という意味である。別に巨大な孔雀がいたわけではなく、「絶大なる効果をもたらす孔雀の陀羅尼」というニュアンスである。日本では孔雀明王の名で知られ、作例も比較的多く遺されている（図2-1）。マハーマーユーリーは、他の四尊の陀羅尼の女神とともに、「五護《ごご》陀羅尼」（pañcarakṣā）というグループを形成して、そのまとまりでも信仰を集めた。

五護陀羅尼については、マハーマーユーリーを取り上げたあとで扱うが、五尊の女神たちはいずれの名称も「マハー」で始まり、「偉大な陀羅尼」であることがそろって強調されている。「マハー」の大安売りのように見えるが、他の陀羅尼の仏たちで「マハー」がつくものはむしろ少なく、それだけこれらの陀羅尼が重視されていたということであろう。

マハーマーユーリーは本来、毒蛇除けの陀羅尼で、孔雀がヘビの天敵と信じられていたことから、その陀羅尼が仏となったと説明されることが多い。ただし、実際はもう少し複雑なプロセスを経ていることが、詳細な研究によって明らかにされている（大塚　二〇一三）。

マハーマーユーリーの陀羅尼を説く文献は漢訳経典だけでも八種を数える。このうち、比較的初期に成立した『孔雀王呪経』（梁・僧伽婆羅《そうぎゃばら》訳、大正蔵一九巻、九八四番）や『仏説大孔雀呪王経』（唐・義浄訳、大正蔵一九巻、九八五番）、『仏母大孔雀明王経』（唐・不空訳、大正蔵一九巻、九八二番）などには、冒頭にふたつのエピソードを置く。

ひとつめは呪そのものの由来を説く内容で、以下のとおりである。

世尊（釈迦）が舎衛城《しゃえいじょう》の給孤《ぎっこ》独長者《どくちょうじゃ》の遊園、すなわち祇園精舎に滞在していたときのこと

図 2-1　孔雀明王像　金剛峯寺　写真提供：高野山霊宝館

である。そこには吉祥《きちじょう》（スヴァーティ）という名の年若い比丘が住んでいた。彼は教団のために自分でも何かできることはないかと考え、風呂を沸かすための薪を準備すること思いつき、木を割っていた。もちろん、この風呂とは日本式の湯船につかる風呂ではなく、沐浴のようなものであろう。それでも水ではなく湯の方が好まれたようだ。吉祥が薪を割っていると、朽ちた木の中から大きな毒蛇が現れ、吉祥の右足の親指を咬んだ。たちどころに毒が回り、吉祥は白目をむいて、口から泡を吹いて倒れてしまった。

それを見た阿難が世尊に対処法を尋ねたところ、世尊が偉大な孔雀王の呪を唱えてやるように命じ、長大な陀羅尼を説いて授けた。その内容は、孔雀王への祈願というよりも、ナンダやウパナンダなどの何種類もの龍王に対する慰撫の言葉である。

これを聞いて、すぐに阿難が吉祥に唱えてやれば、話は簡単なのであるが、経典はそうなっていない。世尊はおもむろに、自分の前世の物語をはじめる。釈迦の前世の物語はジャータカが有名であるが、ここで語られるのもまさにそのジャータカである。

ジャータカの孔雀王

かつて、世尊が孔雀の王であったとき、孔雀王呪を毎日、朝昼晩に唱えて、心安らかに暮らしていた。ところが、孔雀の娘たちと一緒に、林園から林園へ、遊園から遊園へ、山腹から山腹へと楽しく回っているうちに、その娘の孔雀たちと愛欲にふけり、そのあいだに孔雀王の呪を忘れてしまった。かねてより、その孔雀王を狙っていた猟師によって、穴に落ちたところを縄で捕獲されてしまう。絶体絶命の危機であるが、かの孔雀王の呪を思い出したことによって、その縄から逃れることができた。

「さて、その孔雀王呪を今ここに汝に説こう」といって、世尊は再び阿難に対して、孔雀王の呪を説いて聞かせるのであるが、これが信じがたいほど長いのである。おそらく唱えたとしても半日くらいかかるであろう。しかも、それは陀羅尼なのであるから、記憶しなければならない。

延々とこの孔雀王呪が説かれた後、経の最後で、阿難がそれを吉祥に向かって唱えてやると、たちどころに吉祥は回復してめでたしめでたしとなる。この締めくくりは容易に想像がつくであろうから、経典の作者もあっさりしたものである。過去世の物語の前に説かれた呪も当然、セットで唱えられたと考えられるが、なにぶん、過去世で説かれる呪がきわめて長大であったため、その付け足しのようにも思えてくる。

実際、このふたつのエピソードは、本来、別々の起源をもつ物語であった。ひとつめの吉祥比丘の物語は、上座仏教で広く知られたもので、そこでは「パリッタ呪」という呪文の因縁譚のひとつとして、独立して伝えられた。毒蛇にかまれた吉祥比丘と、それへの解毒法としてのパリッタ呪の紹介でできあがったシンプルな構造をもつ。

もう一方の釈迦の過去世の物語は、実際にジャータカの中の一話として知られている。パーリ語のジャータカ第一五九話にあたる「金色の孔雀前生物語」である（『ジャータカ全集』第二巻、二七六〜二八〇頁。これをふまえたジャータカ第四九一話「黄金の孔雀前生物語」も関連する）。そこではもう少し話は入り組んでいる。釈迦が金色の孔雀の王であったときのこと、孔雀の王は朝な夕なに呪文を唱えて、幸せに暮らしていた。バーラーナシーの王妃が夢で、黄金の孔雀が法を説いているのを見て、王にその説法を聞きたいと懇願した。王は猟師に孔雀を捕まえてくるように命じ、猟師は生け捕りにするために罠を仕掛けたが、孔雀は呪を唱えているので、けっして捕まらなかった。

時は流れ、願いかなわず王妃は死んでしまったため、王は怒って、黄金の孔雀の肉を食べれば不老不死になるという内容の文を黄金の板に刻ませ、代々の王に伝えていった。はじめの王から七代目の王が、この黄金の板を見て、黄金の孔雀を捕まえようと決意して、猟師を遣わした。

猟師は一計を案じ、芸ができるように仕込んだ雌の孔雀をおとりにして罠を仕掛け、黄金の孔雀王が来ると誘惑すべく鳴き声を出させた。その声を聞くと孔雀王は呪を唱えるのを忘れ、煩悩を起こして、ついに罠にかかって捕らえられてしまった。

王宮に連れて行かれた孔雀王は、自分を食べれば不老不死になると信じる王に、その誤りに気づかせ、最後は王は善行を積み、孔雀王も自分のすみかである黄金の山に帰っていった。

このジャータカに説かれる孔雀王の呪はとても短く、これくらいであれば、阿難でも誰でも簡単に覚えられそうであるが、『孔雀王呪経』などではこの部分を極端に長大なものにして、かわりにジャータカのストーリーをごく簡略にしてしまった。それでも、孔雀の王が金色をしていることや、毎日、呪を唱えることで災いを遠ざけていたこと、そして、愛欲にふけったがために、呪を忘れてしまい、罠にかかって捕らえられてしまったことという基本的な枠組みは保たれている。

愛欲にふける釈迦

釈迦の前世である孔雀王が愛欲に溺れて、敵の罠にかかってしまうというのは、性的な潔癖さをことさら強調する仏教においては、きわめて異様な印象を与えるが、これらの物語に一貫して見られることは興味深い。インドにおける孔雀のイメージが、愛欲に密接に結びついていたことをよく示している。仏教以外でも、ヒンドゥー教の神であるスカンダや、南インドで広く信仰されたムルガンが孔雀をともなうが、彼らもしばしば愛欲と関連する（森 二〇〇二）。後世、日本密教では孔雀経法という孔雀明王を主尊とする修法《しゅほう》が流行するが、その目的のひとつが安産や子授けであった。これらの修法は、本来、異性の愛情を引き寄せる敬愛法《けいあいほう》に属するが、愛欲に溺れた孔雀王をその源流にもつ孔雀明王ならではの修法である。

孔雀と安産との結びつきは、別のところでも見ることができる。

仏像が誕生した地として名高いガンダーラでは、釈迦の生涯を浮彫で表した仏伝の作例が多い。その中に釈迦の出産のシーンもある（図2-2）。無憂樹と呼ばれる樹木の下に立ち、木の枝をつかんだ摩耶夫人が、釈迦を右脇から出産している。摩耶夫人の隣では、介護役のマハープラジャーパティがいるが、さらにその隣には数人の女性が立っている。その中に、必ずといっていいほど、手に孔雀の羽の束を抱えた女性がいる。一部の作品では、女性が持っているのは孔雀の羽ではなく、数本の木の枝のように見えるが、その形態は孔雀の羽とよく似ている。

図2-2　誕生　フリーア・ギャラリー

このような特別なものを持つ女性について明瞭に言及する文献は見当たらないが、右手に籠のようなものをさげることが多いことから、たとえば仏伝文学のひとつ『ラリタヴィスタラ』に登場する、摩耶夫人の出産の苦しみを油を灌ぐことで和らげる天女と解釈されている（Mevissen 1991/1992）。籠の中には薬用の油があり、それを孔雀の羽や樹木の枝で振りかけたのであろう。出産に際して、実際にそのようなものを使ったか、あるいは単なる呪術的な道具でしかなかったかは明らかではないが、少なくとも、出産と孔雀の羽が結びついていたことがわかる。同じようなものを、鬼子母神《きしもじん》に相当するハーリーティー（あるいはアルドクショー）が手にすることもあるが、彼女らも子宝や安産を司る女神たちである。

日本では孔雀経法は安産や子宝の修法だけではなく、雨乞いの儀礼としても平安時代の後半からさかんに修された。むしろ、雨乞いの儀礼としての方が孔雀経法は重要な役割を果たし、国家的な密教儀礼のひとつとして、四箇大法《しかたいほう》と呼ばれる修法のひとつに数えられた。雨乞いの儀礼としては、もともと請雨法《しょううほう》という孔雀経法とは別の儀礼が行われてきたが、一一世紀頃に孔雀経法がこれに取って代わったことが明らかにされている（トレンソン 2016）。

安産儀礼と雨乞いの儀礼は無関係に見えるかもしれないが、その源流となるインドでは、両者は密接な関係がある。雨が大地をうるおすことは、雨期の始まり、すなわち農耕の開始であり、生命の誕生に相当する。天から落ちてくる雨が精子で、大地がそれを受ける母胎という考え方は世界中に普遍的に見られ、農耕儀礼を性的な交接のメタファーによって特色づけることも多い。そして、雨期の到来を告げる鳥が孔雀であることも、インドの文学作品などでは広く知られていた。

ちなみに、現代のインドでも雨が恋の芽生えや成就を意味することは、インドで制作された映画やテレビドラマにおいては常識である。さらに、そこに孔雀が出てくれば完璧であるし、実際、さりげなく孔雀を登場させる作品もある（高橋　二〇一五）。

説一切有部の関与

漢訳経典に見られたマハーマーユーリーの呪の由来は、ふたつのエピソードでできあがっていた。吉祥比丘の物語に、孔雀王のジャータカを割り込ませる、あるいはジャータカの前後に吉祥比丘の物語を付け加えるという方法である。ただし、この組み合わせはマハーマーユーリー関連の経典作者によるものではない。それに先立つ文献がすでに存在しているからである。それは『根本説一切有部律薬事《こんぽんせついっさいうぶりつやくじ》』（以下『薬事』）という律の文献である（八尾 二〇一三）。

根本説一切有部という部派に伝わる律のため、この名称があるが、いくつもの系統がある律の中でも最も大部で、『薬事』以外にも『破僧事《はそうじ》』や『雑事《ぞうじ》』などがある。これらの中にはさまざまな説話が含まれ、仏伝としても重要な文献である。孔雀王の呪についての一節は『薬事』の末尾に置かれている。その位置自体が、このエピソードが律全体とは起源を異とし、その付加的なものであることを物語っている。『薬事』には、このほかにも五護陀羅尼のひとつ大護明（マハーマントラーヌサーリニー）に関する物語も別の箇所に含まれ、かねてより五護陀羅尼の信仰と根本説一切有部との間に密接なつながりがあったことが指摘されている（Skilling 1992, 1994）。

『薬事』の説く孔雀王呪の物語は、基本的に『孔雀王呪経』などと同じ枠組みであるが、ジャータカに由来する箇所で説かれた呪ははるかに短い。しかも、それは直前にある吉祥比丘のエピソードで釈迦によって説かれた呪とほとんど同じである。さらに、『孔雀王呪経』などでは阿難が吉祥比丘に対して、憶えたばかりの孔雀王の呪を唱えてやることで、吉祥比丘がたちまち回復したという第一のエピソードの終結部が、経全体の最後に置かれていたのに対して、『薬事』の場合、吉祥比丘の物語はそれ自体で完結し、その後にジャータカに由来する物語がはじまる。ふたつのエピソードは並立し、両者を結びつけた『孔雀王呪経』などの前段階を示していると考えられる。

3　孔雀明王の出現

不空と義浄の儀軌

マハーマーユーリーを説く漢訳経典が八種類あることはすでに述べたが、この中で「孔雀明王」という名称を使っているのは、不空の翻訳した『仏母《ぶつも》大孔雀明王経』と、やはり不空訳の『仏説孔雀明王画像壇場儀軌』(大正蔵一九巻、九八三A番、以下『壇場義軌』)の二種のみで、それ以外は「孔雀王」あるいは「孔雀呪王」である。孔雀明王のサンスクリット名であるマハーマーユーリーには「明王」に相当する語はない。『薬事』でも「大孔雀の明呪」という呪の名称や、「孔雀の王」という王の名は登場するが、「明王」と呼ばれることはない。ここでは、広く知られているこの名称をこれ以降用いることにするが、漢訳経典の中では一般的ではないことをあらかじめ確認しておきたい。
孔雀明王に関する儀軌としては、不空の『壇場儀軌』の他に、義浄によって翻訳された『大孔雀明呪経』（大正蔵一九巻、九八五番）の末尾の「壇場画像法式」がある。これらの不空の『壇場儀軌』や義浄の「壇像画像法式」以外の漢訳経典は、陀羅尼とそれにまつわるエピソードが説かれるのみで、孔雀明王の具体的な特徴は説明されない。すでに述べたように、陀羅尼に対する信仰や実践はあっても、必ずしもその尊格の像や絵は必要なかったと考えられる。

義浄の「壇場画像法式」では、はじめに「小壇場」を作る方法が説かれる。中心に置かれるのは「仏の形像」であるが、その左辺には「大孔雀王」を置くように述べる。注意しなければならないのは、これは「孔雀王」であり、孔雀明王ではないことである。

ジャータカや『薬事』にも登場した孔雀の王と同じであると考えれば、その姿は孔雀そのもののはずである。もちろん王であるから、通常の孔雀よりも堂々とした姿をしていたかもしれないが、孔雀は孔雀である。

義浄のテキストでは、これらの壇場の像に対する供養法が説かれた後、段落を変えて、「画像法」が紹介される。絵画の形式の礼拝像の説明である。

白い毛氈《もうせん》の布を準備し、その中央にも仏像を描く。身体の色は金色で、袈裟は桃華色をしており、金の獅子座に坐っている。絵画であるため、色がしっかり指定されている。

仏の左辺に描かれるのが「摩訶摩瑜利天神《まかまゆりてんじん》」である。身体の色は赤白色（おそらく白みがかった赤)、袈裟は白色である。四臂をそなえていて、装身具はすべて金色である。蓮華の座、もしくは金の座の上に立つ。四臂の持物は、右が柚子と蓮華、左が吉祥果と三茎の孔雀の尾である。

ここではじめて孔雀明王の尊容が明らかにされる。身色や衣装、装身具の色や特徴が明示され、立像であることや、足の下の座についても述べられている。それぞれ固有の持物を手にする四臂という特徴は、とくに重要であったようだ。

この四臂像の名称が孔雀王ではなく、摩訶摩瑜利、すなわちマハーマーユーリーであることは注目される。孔雀の像ではなく、四臂の像がマハーマーユーリーと呼ばれているのである。明らかにこれは女性の神の名称であり、釈迦の前世の生まれ変わりである孔雀の王などではない。女神のイコンが忽然と孔雀王の儀礼に出現したのである。

孔雀王とマハーマーユーリーが別のものであることは、そのすぐ後に「仏と菩薩の中間に孔雀王を描け」という指示があることからも明らかである。その孔雀王は、宝で荘厳された蓮華の上に立つと説かれているが、具体的な描写はない。壇場の上に置かれた孔雀王と同じであれば、わざわざ孔雀の姿を説明する必要はないとも考えられる。

さらに、中央の仏のかたわらには阿難がひざまづいて合掌している様子を描くようにという指示が続く。もちろん、孔雀明王のエピソードに現れ、釈迦から陀羅尼を授けられた阿難であろう。物語を背景にした図像であり、合掌して礼拝している対象は仏であり、孔雀王でもあるが、説話には登場しなかったマハーマーユーリーがその場に割り込んできていることになる。

合体する孔雀王と女尊

不空の『壇場儀軌』は、義浄のこれらの説明をまとめたような内容になっている。方形の壇を築いてもよいし、布に画像を描いてもよいとする。それらの中心にいるのは、もはや仏ではなく、「仏母大孔雀明王菩薩」である。これは奇妙な名前である。仏母であり、明王であり、菩薩であるような仏は、基本的に仏教ではあり得ない。それぞれ別のグループを指す名称で、そのすべてを兼ねるような仏は存在しない。

ただし、「孔雀明王」という名前自体は不空の発案ではない。すでに梁代の僧伽婆羅の『孔雀王呪経』にその用例があるからである。しかし、そこでは仏母や菩薩とは呼ばれていない。また、用例数も六つにとどまり、そのうち五つは呪の名前、残りのひとつは「孔雀王」の異名となっている。いずれも女尊ではない。不空はこれらを参考に、壇場あるいは布に描かれた女尊「マハーマーユーリー」に「仏母大孔雀明王菩薩」というゴージャスな名前を与えたのであろう。

さて、その壇場もしくは布の中央には内院があり、その中心には八葉蓮華が置かれ、さらにその中心に仏母大孔雀明王菩薩が描かれる。頭は東方に向け、白色で、白い軽衣（薄い衣）を着ける。頭冠、瓔珞《ようらく》、耳飾り、臂釧《ひせん》で荘厳され、金色孔雀王に乗り、白蓮華、あるいは青緑花の上で結跏趺坐《けっかふざ》する。慈悲相で四臂をそなえる。右の第一の手には開いた蓮華を、第二の手には倶縁果《くえんか》を持ち、第二の手には三五茎（三茎あるいは五茎の意か）の孔雀の尾を持つ。

これが孔雀明王の尊容の説明である。基本的なイメージが、義浄の「壇場画像法式」とよく似ていることがわかる。四臂の持物は、一部、順序が異なるものの、内容はほぼ一致している。その中で大きな違いは、義浄の場合、蓮華の上に立っていたのに対し、不空の場合、結跏趺坐で蓮華の上に座っていることと、その下に大孔雀王がいることである。

義浄の「壇場画像法式」では仏と菩薩の中間にいたあの孔雀王が、不空の儀軌では四臂の尊格の乗り物となって、一体化し、その全体に対して、「仏母大孔雀明王菩薩」と呼んでいることがわかる。ここに至って、孔雀明王というのは、単なる陀羅尼の尊格ではなく、陀羅尼の物語の主役であった孔雀王と、義浄訳で忽然と姿を現した「摩訶摩瑜利」がひとつに合体してできあがった「仏母大孔雀明王菩薩」となったのである。

4　日本の孔雀明王

四臂像の孔雀明王

日本で制作された孔雀明王の絵画や彫刻は、ほとんどがこの不空の『壇場儀軌』にもとづいている。

代表的な絵画作品である東京国立博物館の「孔雀明王像」を取り上げてみよう（図2−3）。平安時代末の一二世紀頃の作品と考えられている。大きく羽を広げた孔雀の上に結跏趺坐で坐る四臂の孔雀明王で、真正面を向き、見るものを威圧するような迫力をもつ。四臂の持物も儀軌どおりで、右手の第一手は腰のあたりまで下げて蓮華の茎を握り、その蓮華は顔の真横で大きく花開いている。右の第二手は丸い果実をのせて、体の横に掲げる。儀軌にあった倶縁果であるが、この形態は『壇場儀軌』の割注にある「その果実の形は水苽に似ている」という記述に従ったものである。左の第一手は胸の前で吉祥果を捧げ持つ。これも割注で「桃李の形のごとし」とあるが、丸い果実で、上のつまみのような広がりをもつのは、ザクロの実に似ている。左の第二手は、この仏の名称どおりの孔雀の尾羽を持つ。五つに枝分かれしている五茎の孔雀尾である。

左右の四本の腕は、単純なシンメトリーにならないように、左右で高さや向きを変えて巧みに配される。しかし、画面全体はきわめて左右の対称性が強く、すでに述べた台座の孔雀王や、その上にあって孔雀明王が坐る蓮華座、そして身光、頭光の円、さらに像全体を大きく囲む華麗な孔雀の尾羽が、幾何学的な美しささえ感じさせる。とりわけ、最後にあげた孔雀の尾羽は、当然、雄の孔雀が尾羽を大きく広げた様子を表しているが、光背や頭光と一体となり、中心の孔雀明王の身体の一部のようにも見える。

現存する日本の孔雀明王像は、この東京国立博物館の作品とほとんど同じ特徴をもつ。もち

図 2-3　孔雀明王像　東京国立博物館　Image: TNM Image Archives

ろん、時代によって作風は異なるが、不空の『壇場儀軌』に忠実であることが何よりも重視されたに違いない。高野山金剛峯寺に伝わる孔雀明王像（図2−4）は、有名な仏師快慶によるもので、絵画が中心の孔雀明王の中で、数少ない彫刻の作品としても重要である。不空の儀軌や絵画作品とは持物の位置に入れ替わりがあるが、持物はいずれも後補であり、本来は儀軌どおりの位置に置かれていたと推測される。絵画に比べて台座の孔雀が巨大化しているように見えるが、孔雀という特異な乗り物の上に彫像を置くためには、これくらいの大きさが必要であったのであろう。ちなみにこの孔雀も江戸時代の後補である。

図2−4　孔雀明王像（図2−1の顔のアップ）
金剛峯寺　写真提供：高野山霊宝館

　絵画作品の孔雀明王の中で、同じ四臂ではあるが、東京国立博物館の作品などと若干異なる図相をもつものがある。相違点は、孔雀の尾羽を持った左の第二手を体の横ではなく、左膝の上に置くことと、像全体の上に円相を描き、月輪《がちりん》とするか、もしくはその中に阿字《あじ》を描くことである。東京国立博物館の作品などを弘法大師ゆかりの像として「大師様《たいしよう》」と名付け、それに対しこのタイプを「宗叡《しゅえい》請来像《しょうらいぞう》」と呼ぶことを提唱する研究者もいる。宗叡（八〇九～八八四）は平安時代前期の入唐僧のひとりで、孔雀明王の新たな儀軌や図像を伝えたことでも知られている。その具体的な内容は明らかではないが、弘法大師請来の孔雀明王とは異なる形式であったことが推測されている。

大師様と宗叡請来像の折衷的な作品も残されている。すなわち、大師様の孔雀明王の上に円相を描いた作例である。醍醐寺に伝わる画像の孔雀明王像などがそれにあたる。

特異な仁和寺像

これらの作例は、手の位置や円相の有無に従って分類されているが、大きく見れば、いずれも四臂の孔雀明王として、不空の『壇場儀軌』の記述に忠実な作品であることに変わりはない。日本の孔雀明王像において、この儀軌は圧倒的な権威をもっていたことがわかる。

その中で、きわめて特異な姿をとった孔雀明王像がある。しかも、それは孔雀明王像としてだけではなく、日本に残る仏教絵画のなかでも傑作の一つとして広く知られた作品である。すなわち、仁和寺の三面六臂の孔雀明王像（図2-5、カラー口絵参照）で、国宝にも指定されている。制作地はわが国ではなく、北宋時代の中国と考えられている。

画像全体は黄褐色を基調とした穏やかな色相で、台座の孔雀が大きく羽を広げている。これ

図 2-5　孔雀明王像　仁和寺
写真提供：京都国立博物館

までの四臂像では、孔雀の尾羽が形式的に描かれていたのに対し、この作品では、厚みや広がりをもち、写実的な表現となっている。写実性は尾羽だけではなく、台座の孔雀や孔雀明王についても当てはまり、形式主義的ともいえる四臂像とは、まったく異なる印象を与える。

三面六臂という特徴も、四臂像とは当然、大きく異なる。四臂像の面数はいうまでもなく一面である。単に面数や臂数が増えただけではなく、持物そのものにほとんど共通点がないのである。三面のうちの左右の二面は、正面の柔和な菩薩の両側に、忿怒相をとっている。向かって左の面は口を閉じ、右の面は開いている。いずれも大きな丸い目や牙をもち、基本的なイメージは共通である。

六臂のうち、主要な二臂は胸の前で合掌し、残りの四臂の持物は、右が二本の矢と戟《げき》、左が弓と五股杵《ごこしょ》である。最後の五股杵は手に握るのではなく、人差し指を突き立てて、その上に直立させ、さらにその上には、小さな憧幡《どうばん》のようなものが立っている。

そのほかの特徴としては、宝冠の正面に羯磨杵《かつましょ》を飾ること、肉身色の身光に対して、頭光は朱で全体が塗られ、さらにその周囲が青白い円光で縁取られていること、画面の余白に飛雲が描かれ、とくに画面の上方にはそれがS字状に表されることで、孔雀明王が飛来してきたことを表現していることなどがあげられる。いずれも四臂像にはなかった特徴である。

この三面六臂像の典拠となるような文献は、日本にはまったく伝わっていない。また、同じ形式の作例もこの仁和寺本の写しを別にすれば、一例も存在しない。きわめて特異で、孤高の存在なのである。ただし、それは日本国内の話である。もともと中国で制作された仁和寺蔵なのであるから、むしろ、日本国外の孔雀明王を視野に入れて考察する必要がある。

5 インドのマハーマーユーリー

エローラ石窟の作例

マハーマーユーリーの最も古い作例は、インドのマハーラーシュトラ州の石窟寺院エローラにある二体の立像であろう。エローラ石窟は仏教窟、ヒンドゥー教窟、ジャイナ教窟の三つの部分からなるが、孔雀明王像があるのは仏教窟の第六窟で、エローラの仏教窟の中では後期に属し、密教的な要素が出現しはじめた窟である。同じ第六窟には四臂の観音像があり、また、これにやや遅れて造営された第一一窟や第一二窟には、八大菩薩、大日如来、ターラー、チュ

図 2-6　マハーマーユーリー　エローラ石窟

ンダーなどの密教経典に登場する重要な仏たちがつぎつぎと制作されていった。

　二体のマハーマーユーリーは、ほぼ同じ形式をとる。一例は第六窟の入口から入って右側、もう一例は左側に向かい合うような位置にある（図2-6）。いずれも、主尊のマハーマーユーリーは等身大で、堂々とした作品である。右側の作品を例にとると、一面二臂で蓮台の上に直立する。正面性が強いのは、日本の孔雀明王にも共通する特徴である。右手の大部分は欠失しているが、棒状の持物が残っている。先がやや太くなっていることから、孔雀の尾羽と考えられる。肘を曲げて体の横でその根元の部分を握っていたのであろう。左手は下にさげ、球状のものを持つ。日本の孔雀明王が持っていた倶縁果や吉祥果などの形態とよく似ているが、それを決定づけるだけの根拠はない。

　女尊の隣には孔雀が尾羽を広げて立っている。少し高いところに置かれているが、その台の部分は意図的に凹凸が作られていることから、岩山を表していると考えられる。マハーマーユーリーのかたわらという位置から、義浄の儀軌で言及されていた孔雀王と推定される。岩山の上に立つことも、孔雀王がヒマラヤの山中に住んでいたことに符合する。この作例では、孔雀王とマハーマーユーリーは別個の存在として明瞭に意識されていたことがわかる。

孔雀王が立つ岩山の下には、経典を手にした比丘がうずくまっている。これも義浄の儀軌で言及されていた阿難に比定することができる。ただし、義浄の儀軌ではひざまずいて合掌していたのに対し、ここでは経典を読む姿をしている。マハーマーユーリーに向かって経典を読誦しているように見える。もうひとつのマハーマーユーリーの作例では、同じところにいる比丘がやはり経典を手にしているが、その経典は台の上に置かれている。儀式を行っているようにも見える。

エローラの仏教窟で、主尊の横にこのような比丘形の人物を置くものは、他にはまったく見られない。尊像に礼拝する人物を、その足許や台座の手前に表現することはしばしば見られるが、その場合、ほとんどが合掌するポーズでひざまずいている。義浄の儀軌の阿難のポーズとまったく同じであるが、逆に、それを忠実に表したのでは、通常の礼拝者の像と区別がつかない。孔雀王の物語にも登場する阿難が特別な人間であること、そして長大な孔雀王の呪を唱えることがこの比丘の重要な役割であることを強調した表現なのであろう。

孔雀王と阿難と思われる比丘の反対側には、払子を右手に持った女性がいる。義浄や不空の儀軌にはこの女性に対応する記述はなく、義浄の儀軌の場合、阿難に続いて言及されているのは「金剛手神王」で、右手に払子、左手に金剛杵を持ったおそらく男性の尊格である。主尊のマハーマーユーリーが女尊であるため、それにあわせて、従者も女性の姿をとったと見るべきであろう。インドの仏教美術では、主尊が男尊の場合は脇侍や従者は男尊も女尊も現れるが、女尊が主尊の場合、ほぼ例外なく女尊であることが、現存作例から経験的に知られる。文献の記述と矛盾しても、造像の伝統を守ることもあったであろう。

この他、エローラのマハーマーユーリーの作例としては、第一二窟第三層にある一二体の女尊の中に、孔雀をともなった二臂の坐像がある。ただし、腕がほとんど失われ、左手に蓮華を持っていたことが推測されるが、右手の持物は確認できない。これ以外にもいくつかの作例が紹介されることがあるが、比定に疑問が残る。

一方、東インドからはビハール州のナーランダーから出土した彫刻が一例知られている。この作品は像高がわずか一一・四センチメートルの小像であるが、明らかにマハーマーユーリーを表した作例として貴重である。しかも、エローラの作例が二臂であったのに対し、この作品は四臂をそなえる。残念ながら、四本の腕のうち三本は肘から先が欠失しているため、持物も失われているが、唯一残った左の後ろの手に孔雀の尾羽を握っている。さらに、蓮台の向かって右側には孔雀の姿が現され、孔雀王をかたわらにともなっていることもわかる。日本の孔雀明王像と顔や腕の数が一致し、しかも台座に接するように孔雀王がいることも、日本の孔雀明王につながる作例である。

サンスクリット文献の中のマハーマーユーリー

孔雀明王を説くインドの文献としては、漢訳の陀羅尼経典類とほぼ同じ内容を説くサンスクリット文献が残されているが、漢訳経典と同様、そこにはマハーマーユーリーの尊容に関する具体的な描写は現れない。

それよりも時代がくだるが、『サーダナマーラー』には複数の成就法にマハーマーユーリーが登場する。このあとの第7節で取り上げる五護陀羅尼の一部にも含まれるため、それらを次頁に表にまとめて示しておこう（表2）

『サーダナマーラー』の中でマハーマーユーリーを単独で取り上げる成就法は一九七番の一点のみで、そこでは三面六臂をそなえる。持物もしくは印相は、右手が孔雀の羽・矢・与願印で、左手は宝・弓・瓶である。二〇一番と二〇六番は五護陀羅尼の一部を構成し、前者は一面二臂、後者は三面八臂である。持物等は表2のとおりであるが、つねに孔雀の尾羽が持物に含まれているのは、マハーマーユーリーにとって必須のアイテムだからである。

『サーダナマーラー』とともに密教の仏たちの図像学的情報を豊富に含む『ニシュパンナヨーガーヴァリー』には、五護陀羅尼のマンダラが説かれる。そこに登場するマハーマーユーリーは三面八臂で、面数と臂数は『サーダナマーラー』二〇六番と一致する。持物もかなり共通するが、一部に異同がある。

表2　サンスクリット文献における五護陀羅尼の図像学的特徴

番号	名称	面数	臂数	身色	面色	持物（右）	持物（左）	姿勢	その他
SM194	大随求	4	8	黄	黄、白、青、赤	剣、輪、三叉戟、矢	斧、弓、羂索、金剛杵		
SM195	大随求	4	8	黄	黄、白、黄、赤	剣、輪、三叉戟、矢	羂索、斧、弓、金剛杵		部族主は阿閦
SM196	大随求	4	8	黄	黄、白、白、赤	剣、輪、矢、三叉戟	斧、羂索、金剛杵、弓		
SM197	孔雀明王	3	6	緑	緑、黒、白	孔雀の羽、矢、与願印	宝、弓、瓶	半跏	部族主は不空羂索
SM198	降大千界	1	6	白		剣、矢、金剛杵	弓、羂索、斧		部族主は大日
SM199	大護明	1	4	黒		金剛杵、与願印	斧、羂索		部族主は阿閦
SM200	大寒林	1	4	赤		数珠、与願印	金剛鉤、経典（胸の前）		部族主は阿弥陀
SM201	大随求	3	10	黄	黄、黒、白	剣、金剛杵、矢、与願印、傘	弓、幢幡、宝、斧、ほら貝		三眼を持つ。部族主は宝生。
	孔雀明王	1	2	緑		孔雀の羽	与願印		
	降大千界								尊容の記載はなく「前の如し」とあるのみ
	大護明	1	4	黒		剣、与願印	斧、羂索		
	大寒林	1	4	赤		剣、与願印	斧、羂索		
SM206	大随求	4	8	黄	黄、黒、黄、赤	輪、金剛杵、矢、剣	金剛索、三叉戟、弓、斧		中央。三眼。
	降大千界	4	8	黒	黒、白、黄、緑	与願印に金剛杵、鉤、矢、剣	期剋印に羂索、斧、弓、蓮華の上に16種の宝	マハーブータとマハーヤクシャを踏む	中尊の東。三眼。
	孔雀明王	3	8	黄	黄、黒、赤	与願印、宝瓶、輪、剣	鉢の上に比丘、孔雀の羽、鈴の上に羯摩杵、宝の幢幡		中尊の南
	大護明	3	12	白	白、黒、赤	説法印、定印、与願印、施無畏印、金剛杵、矢	説法印、定印、期剋印に羂索、弓、宝、蓮華を付けた瓶		中尊の西
	大寒林	3	6	緑	緑、白、赤	施無畏印、金剛杵、矢	期剋印に羂索、弓、宝		中尊の北
NPY18	大随求	4	12	黄	黄、白、青、赤	宝、輪、金剛杵、矢、剣、与願印	金剛杵、羂索、三叉戟、弓、斧、ほら貝	金剛跏趺坐	部族主は宝生
	降大千界	4	10	白	白、黒、黄、緑	蓮華の上に八幅輪、与願印、鉤、矢、剣	金剛杵、期剋印、羂索、弓、斧	遊戯の姿勢	部族主は大日
	大護明	3	12	黒	黒、白、赤	説法印、定印、金剛杵、矢、与願印、施無畏印	説法印、定印、期剋印に羂索、弓、宝、蓮華の印のついた瓶	金剛跏趺坐	部族主は阿閦
	大寒林	3	8	赤	赤、白、黒	蓮華を持ち施無畏印、矢、金剛杵、剣	期剋印に羂索、弓、宝幢、経典（胸の前）	半跏趺坐	部族主は阿弥陀
	孔雀明王	3	8	緑	緑、黒、白	孔雀の羽、矢、与願印、剣	鉢の上に比丘、弓、宝、羯磨杵と宝のついた幢	薩埵跏趺坐	部族主は不空成就

略号　SM:『サーダナマーラー』, NPY:『ニシュパンナヨーガーヴァリー』

『サーダナマーラー』にはターラーの脇侍のひとりとしても、マハーマーユーリーは登場する。全部で三例あるが、いずれも一面二臂で、必ず左手には孔雀の尾羽を持つ。右手には払子が二例、与願印が一例である。

インドで成立したこれらの文献の情報を見ると、インドのマハーマーユーリーは、顔と腕の数だけを見ても、一面二臂、一面四臂、三面六臂、三面八臂とさまざまである。これはすでに述べたように、陀羅尼の仏たちの場合、その成立過程から、尊容にばらつきがあることを示す典型的な例であろう。重要なのは、その尊格であることを示すシンボルが必ず含まれることで、マハーマーユーリーの場合、いうまでもなくそれは孔雀の羽である。

インドの文献におけるマハーマーユーリーの多様性を知ると、不空の『壇場儀軌』に忠実に従った作品がほとんどであった日本の孔雀明王の形式が、いかに特別であるかがよくわかる。これは、陀羅尼から図像が生まれるときに、試行錯誤を繰り返したインドと、決まった形式のみがすでに文献の中で確立し、それを権威ある像として受け入れてかたくなに守った日本との違いに起因すると見るべきであろう。

6　中国の孔雀明王

それでは、インドと日本とのあいだにある中国ではどうだったのであろう。

中国にも孔雀明王の作例は残されている。とくに重要なのは、敦煌の壁画に描かれた孔雀明王像で、莫高窟第一六九窟（宋代）には二臂像が、第二〇五窟（五代）には四臂の像がある。また、大足山石窟第一五五窟（一一二六六年）にも四臂の彫像がある。いずれも孔雀の上に乗り、持物の中には孔雀の羽が含まれている。

時代はくだるが、明の宣徳年間（一五世紀前半）に制作された「仏母大孔雀明王経見返し絵」や、シカゴ・アートインスティテュートが所蔵する元代もしくは明代の孔雀明王像は六臂をそなえる。いずれも忿怒相の左右の面を含む三面を有し、とくに後者は、仁和寺像とよく似た朱色の布を垂らした戟や弓矢を持つ。日本においては特異な像であった仁和寺像も、中国の孔雀明王像に類似の作例を見出すことができるのである（増記　二〇〇八）。

これらの中国の孔雀明王像の源流を考える際に重要な意味をもつのが、敦煌出土の幡画で、観音菩薩の眷属のひとりとして描かれた孔雀王である。孔雀明王ではなく、孔雀王である。大英博物館の「千手千眼観音菩薩立像」（図2-7）やギメ博物館所蔵の「千手千眼観音菩薩坐像」がそれにあたる。観音の周囲の眷属のひとりに孔雀王が描かれ、いずれも三面をそなえ、臂数は大英博物館の方が四臂、ギメ博物館の方は六臂である。大きな孔雀の背に乗っていることも共通である。そのかたわらには「孔雀王」という題記も記されている。

これらの千手観音は『千手観音造次第法儀軌』（大正蔵二〇巻、一〇六八番）などにもとづくと考えられるが、そこでは孔雀王は身色が黄色で、左手に幢幡を持つと述べるにとどまる。多

図 2-7　孔雀王（千手千眼観世音菩薩図の部分図）
大英博物館

面多臂であるとは説かれていない。孔雀王が孔雀に乗るのは当然のようにも思われるが、エローラ石窟のように、マハーマーユーリーとともに表される孔雀王は孔雀そのものであった。孔雀王が孔雀に乗ったのでは、孔雀が余計なようにも見える。しかし、孔雀に乗った孔雀王を孔雀明王と見なせば、不空の儀軌に登場した孔雀明王となる。

日本ではそのようなイメージが不空の儀軌のみによって伝わったため、図像の変化はほとんど認められなかったが、中国においては多様な形式に展開し、その中の一作品が日本にもたらされた。それが仁和寺蔵の三面六臂の孔雀明王なのである。ここからも、日本の孔雀明王の独特なありかたがうかがわれる。

7　五護陀羅尼総説

五護陀羅尼を説く経典

五護陀羅尼とは五種類の陀羅尼経典を集成した文献群の総称である。それぞれの陀羅尼経典に説かれる陀羅尼は、女尊と見なされたことで、女尊のグループの名としても用いられる。女尊の一人は、すでに取りあげた孔雀明王である。それを除く四尊の名称と、関連する漢訳経典は以下のとおりである。

①大随求《だいずいぐ》（マハープラティサラー）

宝思惟《ほうしゆい》訳『随求即得《ずいぐそくとく》大自在《だいじざい》陀羅尼《だらに》神呪経《じんじゅきょう》』（大正蔵二〇巻、一一五四番）

不空訳『普遍光明《ふへんこうみょう》清浄《しょうじょう》熾盛《しじょう》如意宝印心《にょいほういんしん》無能勝《むのうしょう》大明王《だいみょうおう》大随求《だいずいぐ》陀羅尼経《だらにきょう》』（大正蔵二〇巻、一一五三番）

不空訳『金剛頂瑜伽《こんごうちょうゆが》最勝《さいしょう》秘密《ひみつ》成就仏《じょうじゅぶつ》随求即得《ずいぐそくとく》神変加持《じんぺんかじ》成就《じょうじゅ》陀羅尼儀軌《だらにぎき》』（大正蔵二〇巻、一一五五番）

②大護明《だいごみょう》（マハーマントラーヌサーリニー）

法天訳『仏説大護明大陀羅尼経』（大正蔵二〇巻、一〇四八番）

③降大千界《ごうだいせんかい》（マハーサーハスラプラマルダニー）

施護《せご》訳『仏説守護大千国土経』（大正蔵一九巻、九九九番）

④大寒林《だいかんりん》（マハーシータヴァティー）

法天訳『大寒林聖難拏《しょうなんだ》陀羅尼経』（大正蔵二一巻、一三九二番）

「五護陀羅尼」という名称は、孔雀明王関連の経典もそうであったが、これらの漢訳経典にも登場せず、まとまって扱われることはなかったようである。それに対し、現存するサンスクリット写本は、いずれも「五護陀羅尼」の名称のもとで、ひとつの文献としてまとめられている。五護陀羅尼への統合が、漢訳年代よりも後であったことがわかる。また、インド仏教の伝統を受け継ぐネパールには、五護陀羅尼のサンスクリット写本が多数残され、さらに、そのマンダラや儀礼も伝えられている。そこではむしろグループとして流行し、単独の作例はほとんど見られない。

中心は大随求

成立の古さや人気の高さからすれば、孔雀明王が五尊の中では群を抜いているが、五護陀羅尼というグループを構成した場合、その中心になるのは大随求である。五護陀羅尼でもマンダラの中尊となる。

もともと大随求の陀羅尼は妊婦が胎児を守るための陀羅尼として、広く信仰されていたようである。お腹の子どもに何か異変が起こっても、この陀羅尼を唱えることで救済されると信じられていた。大随求の陀羅尼を説く経典では、かつてカピラ城で釈迦の妻であるヤショーダラー妃がラーフラを身ごもったとき、火坑に投じられたが、この陀羅尼を唱えたことで母子ともに無事であったというわれが説かれている。釈迦の家族をも救った偉大な陀羅尼だったというわけである。

宝思惟による漢訳経典には、陀羅尼経典の常のごとく、尊像としての大随求は登場しない。

図 2-8　大随求菩薩　御室版胎蔵界曼荼羅

ただし、経の末尾で、土壇を築いて行う供養法が釈迦によって説かれている。壇の中央に置かれるのは尊像ではなく、八種類のシンボルである。すなわち、三叉戟《さんさげき》、金剛棒、斧鉞《ふえつ》、刀、剣、螺（ほら貝のこと）、羂索、火焔輪で、ひとつひとつが開敷《かいふ》蓮華の中心に置かれている。これらの八種のシンボルは、その多くが大随求が女尊の姿で表されるときの持物に一致していることが、石田（一九七五）によって指摘されている。

この場合、比較の対象となっているのは、日本に伝わった胎蔵曼荼羅の中に含まれる大随求菩薩で、より詳細にいえば、空海請来の両界曼荼羅の系統の中でも特に重要な現図系の図像である（図2-8）。

さらに石田は、平安時代前期の入唐僧の一人宗叡が残したとされる『宗叡僧正於唐国師口受』（大正蔵二〇巻、一一五六番B）には、現図系の大随求の持物がそっくりそのまま登場することも明らかにしている。五股金剛杵、斧鉞、輪、三股戟（＝三叉戟）、宝、大明総持（おそらく経典）である。ただし、それは大随求の尊容の説明ではなく、行者が大随求の印をつぎつぎと結ぶときに、それぞれの印がこれら八つのシンボルを表しているという文脈においてである。

これらのことから、漢訳経典では大随求の尊容は明瞭には説かれていなくても、その具体的なイメージ、すなわち、八臂をそなえ、それぞれが特徴ある持物を持つという特徴は、すでに確立していたと推測される。

大随求に関する漢訳経典としては、不空による二編の儀軌も重要であるが、そこでも尊容の具体的な記述や、それに結びつくような情報は含まれない。

大随求の尊容が具体的に示されているのは、時代がくだって宋代の法賢によって翻訳された『仏説瑜伽大教王経』（大正蔵一八巻、八九〇番）である。そこに説かれる大随求菩薩は、四面八臂で、身色は金色、大いなる威徳をそなえる。右手の持物は剣・輪・三叉（＝三叉戟）・箭（＝矢）で、左手の持物は金剛杵・羂索・斧鉞・弓である。これらの特徴と現図系の大随求の特徴を比較すると、相違するのは左右の最後にあげられる弓と矢が宝と大明総持である点のみである。

サンスクリット文献の大随求

インドの文献に目を転じてみよう。『サーダナマーラー』には大随求の単独の成就法が三編、五護陀羅尼の成就法が二編収められている。それぞれの基本的な情報はすでに表2で示したとおりである。また『ニシュパンナヨーガーヴァリー』の五護陀羅尼マンダラでも、中尊が大随求で、その特徴も表2に含まれている。

これらを比べると、単独の三編の成就法では、大随求はいずれも四面八臂で、持物の一部で順序が異なることを除けば完全に同じ組み合わせであることがわかる。さらに、五護陀羅尼の成就法のうちの一編（二〇六番）もこれに一致する。残りの二例、すなわち二〇一番は三面十臂、『ニシュパンナヨーガーヴァリー』は四面十二臂である。

『仏説瑜伽大教王経』とこれらのサンスクリット文献を比べると、はじめにあげた四面八臂の特徴に正確に一致する。これらは同じ尊容の大随求を説いていることがわかる。それは現図系の大随求ともかなり近いイメージであった。これらと一致しない残りの二例も、まったく無

図2–9　大随求　ダッカ国立博物館

関係ではないであろう。いずれも臂数が八臂よりも多い十臂あるいは十二臂であるが、そのうちの八本の腕には、八臂像と同じ持物が現れる。しかも、増えたと考えられる二本あるいは四本の腕の中には、宝思惟の儀軌に登場するほら貝を持つ手が含まれる。

五護陀羅尼の五尊の中ではめずらしく、ベンガル地方から出土した大随求の作例

が二点ある。いずれもバングラデシュのダッカ博物館の所蔵で、高さが一メートルを超える堂々とした作品である。この地方で大随求が信仰されていたことを物語っている。ともに三面八臂をそなえ、このうちの一例（図2-9）は、光背の一部が欠損しているものの、尊像自体は無傷で、持物もすべて確認できる。その組み合わせは、上述の四面八臂像の持物に完全に一致する。

もう一例は、八つの持物のうち、確認できるのは金剛杵と剣のみであるが、腕の構えや持物の痕跡などから、もう一例とおそらく同じ持物が表されていたと推測される。文献とは異なり、四面ではなく三面であったのも、背面を省略したためと考えるべきで、実際の作例においても四面八臂の姿が忠実に再現されていたことがわかる。

疫病に強い大護明

大護明は「偉大なマントラに付き随う者」という意味であるが、とくに疫病から身を守る陀羅尼として信仰されたようである。釈迦が活躍した町のひとつにヴァイシャーリーがある。現在でもビハール州の主要な都市のひとつとして同じ名称をそなえ、アショーカ王柱も遺されている。

この地にまつわる釈迦の物語として「ヴァイシャーリー疫病物語」とも呼ぶべき逸話が古くから知られていた。ヴァイシャーリーの町を疫病が襲い、救済を願った人々に対して、釈迦が阿難に呪を授け、その呪を唱えることで、人々を苦しめた疫病が収束したというあらすじである。この物語は、孔雀明王のところで紹介した『薬事』にも含まれ、五護陀羅尼の経典群とこの律とのつながりも、これまでに指摘されている。

ここで阿難に授与されて、疫病を退散させた呪句が「偉大なマントラに付き随う者」という陀羅尼で、疫病退散の逸話も含め、それを説く文献が漢訳は法天の『仏説大護明大陀羅尼経』やサンスクリット文献の『五護陀羅尼』中の「マハーマントラーヌサーリニー」である。ただし、いずれにおいてもやはり尊格としての大護明は登場しない。

『サーダナマーラー』に含まれる大護明は、単独の成就法が一篇（一九九番）と、大随求と同様、五護陀羅尼成就法が二編（二〇一番、二〇六番）、そして『ニシュパンナヨーガーヴァリー』の五護陀羅尼マンダラの、合計四種がある。このうち『サーダナマーラー』の一九九番と二〇一番は一面四臂の像を説き、残りの二つは三面十二臂である。後者は別々の文献でありながら、持物も順序は一部異なるものの、組み合わせはまったく同じである。一面四臂の二例もそれぞれよく似ているが、四つの持物のうちの一つに異同がある。ちなみに、三面十二臂の大護明は、十二臂のうちのふた組の手で説法印と定印を結ぶ。これは五護陀羅尼の他の四例には見られない特徴で、五尊を見分けるときのわかりやすいポイントとなる。

「大寒林」の名は、王舎城の郊外にあるシータヴァナという墓地の名に由来する。このシータヴァナ墓地で修行をしていた釈迦の実子ラーフラが、墓地に棲む鬼神たちに悩まされていたことを知った釈迦が、それを退散させる呪を授けるという筋書きになっている。初期の仏教から、墓地は瞑想などの実践を行う重要な場であった。この呪句が「マハーシータヴァティー」という名で呼ばれている。「シータ」というのは「冷たい」という意味もあり、「シータヴァティー」は「冷たさをもつ者」という意味である。「寒林に棲む」は「シータヴァニー」が正しく、本来は「冷たさをもたらす陀羅尼」という名であった可能性があることが指摘されている。魑《ち》魅《み》魍魎《もうりょう》を撃退する陀羅尼の名としては、むしろこの方がふさわしい。

『サーダナマーラー』に含まれる単独の大寒林の成就法は二〇〇番の一篇で、そこでは一面四臂像があげられる。五護陀羅尼の中の一尊としては、二〇一番が一面四臂、二〇六番が三面六臂、そして『ニシュパンナヨーガーヴァリー』が三面八臂である（表2）。一面四臂の二例は、大護明のときとは異なり、持物は両者でほとんど一致しない。残りの二例は、六臂像の六種の持物がすべて八臂像に含まれることから、六臂像を増広して八臂像が形成されたと推測される。

集大成となる降大千界

降大千界を説く文献が五護陀羅尼の中で最も遅く成立したことは、そのサンスクリット・テキストにのみ「五護陀羅尼」という言葉が含まれることから、すでに定説になっている。ただし、施護による漢訳経典中には、これに相当する語は見えないことから、そのもととなったサンスクリット語の原本ではまだ五護陀羅尼としてのまとまりはなく、現存するサンスクリット・テキストとの間に時間的なギャップがあったことも推測される。

五護陀羅尼の中の最後の成立した経典にふさわしく、その内容はその他の文献の寄せ集め、よくいえば、集大成のおもむきがある。すなわち、ヴァイシャーリーの町で災厄が生じ、それを知った釈迦によって「降大千界」の陀羅尼を授けて人々を救うというのが骨子であるが、全体は五護陀羅尼の中で最も長大で、膨大な量の陀羅尼が説かれる。名称にある「マハーサハスラ」（大千）はその語のとおり、きわめて大きな数であるが、具体的にはさまざまな国土に住む悪鬼や悪霊の類である。これを退治する（プラマルダナ）陀羅尼が「降大千界陀羅尼」なのである。

施護訳にはこの陀羅尼の儀礼のために壇を築くことが巻末に説かれるが、やはり尊像は用いられない。しかし、大随求のときにも紹介した『仏説瑜伽大教王経』に「降大千世界菩薩」として、具体的な尊容の記述が見られる。それによると、本来、この尊は千臂千面《せんぴせんめん》を有し、各々の面には三眼《さんげん》がそなわっているという。尊名にふさわしい特徴である。しかし、今は略相を表すとして、四面八臂像を説明する。各面が三眼を有することはそのままで、全身は緑色、忿怒の相をとる。八臂の持物もしくは印は、右手が施無畏印・剣・鉤《かぎ》・箭《や》で、左手が蓮華・金剛杵・弓・斧鉞である。

サンスクリット文献では『サーダナマーラー』一九八番が単独尊を、五護陀羅尼についてはこれまでの四尊と同様、三例ある。単独尊は一面六臂で、五護陀羅尼のメンバーとしては、『サーダナマーラー』二〇六番が四面八臂、『ニシュパンナヨーガーヴァリー』が四面十臂である。『サーダナマーラー』二〇一番は「前の如し」と述べるだけで、具体的な説明を欠く。「前の如し」の「前」がどれを指しているかは明らかではないが、『サーダナマーラー』の中で降大千界をその前に説いているのは一九八番なので、ここを指しているとすると一面六臂像となる。

これらのサンスクリット文献の情報を『仏説瑜伽大教王経』と比較すると、『サーダナマーラー』二〇六番の持物の組み合わせにかなり近い。また『ニシュパンナヨーガーヴァリー』の降大千界の臂数は、『サーダナマーラー』二〇六番の八臂よりも二臂多い十臂像であるが、ここでも八臂の持物のほとんどが十臂にも含まれいてることから、八臂のイメージが基本となって、十臂像ができあがっていると推測される。

三系統の五護陀羅尼

これまで五護陀羅尼各尊を順に取りあげてきたが、『サーダナマーラー』二〇一番と二〇六番や『ニシュパンナヨーガーヴァリー』では五護陀羅尼全体が説かれている。これらをそのまとまりごとに比較すると、いくつか明らかになることがある。

『サーダナマーラー』二〇一番は大随求が三面十臂であることを除けば、すべて一面で、腕の数も二臂もしくは四臂である。これに対して、『サーダナマーラー』二〇六番と『ニシュパンナヨーガーヴァリー』は、一面の尊はひとつもなく、すべて三面以上、腕の数も少なくても六臂、多いものは一二臂にもなる。『サーダナマーラー』二〇一番に比べて、これらの二例は多面多臂化が進んでいることがわかる。

多面多臂を特徴とするこの二例の間でも、面数と臂数が一致しないことが多い。ただし、『ニシュパンナヨーガーヴァリー』は『サーダナマーラー』二〇六番よりも臂数はおおむね多いが、実際は『サーダナマーラー』二〇六番の持物をそのまま維持した上で、新たな持物を加えるというパターンが見てとれる。意図的な増広であることが推測されるのである。

『ニシュパンナヨーガーヴァリー』の五護陀羅尼の右の第一手に持った持物をならべてみると、宝（大随求）、八輻輪（降大千界）、金剛杵（大護明）、蓮華（大寒林）、孔雀の羽（孔雀明王）となる。

ところで、『ニシュパンナヨーガーヴァリー』の仏たちは、著者のアバヤーカラグプタによって、特定の部族にすべて分類されている。部族のリーダーは部族主と呼ばれる。部族主はマンダラの種類によって異なるが、代表的なものは大日・阿閦・宝生・阿弥陀・不空成就の金剛界マンダラ系の五仏である。日本では五智如来と総称されることもある仏たちで、順に仏部・

金剛部・宝部・蓮華部・羯磨部という部族を率いる。

さらに、それぞれの部族は、それを象徴するシンボルがある。すなわち、仏部は大日の法輪、金剛部は阿閦の金剛杵、宝部は宝生の宝、蓮華部は阿弥陀の蓮華、羯磨部は不空成就の羯磨杵である。ほとんどは部族の名称と一致する。

五護陀羅尼の五尊もこれら五部族に配分されている。大随求は宝部、降大千界は仏部、大護明は金剛部、大寒林は蓮華部、孔雀王は羯磨部である。この情報を知った上で、各尊の右の第一手の持物を見ると、それぞれ部族主のシンボル（三昧耶印《さんまやいん》ともいう）となっていることがわかる。

ただし、最後の孔雀明王のみは羯磨杵ではなく、孔雀の羽である。羯磨杵は左の四番目の持物の宝幢の上に付いている。ちなみに、『サーダナマーラー』二〇六番の孔雀明王も宝幢は手にしていたが、そこに羯磨杵があるとは記されていない。

孔雀明王の場合、孔雀の羽との結びつきがきわめて強固であったことは、すでに前に見たとおりである。これをあえて変更するよりも、他の目立つ場所に羯磨杵を加えるという方法をとったと考えるとわかりやすい。

これを除けば、『ニシュパンナヨーガーヴァリー』の五護陀羅尼は、『サーダナマーラー』二〇六番の持物を単に増やしただけではなく、各尊の部族主のシンボルを、その最も目立つ右の第一手に移動するという操作が行われているのである。

8　五護陀羅尼の図像

写本挿絵

五護陀羅尼を構成する五尊のうち、単独で表された作品があるのは、孔雀明王と大随求のみである。これ以外の三尊が現れるのは、五護陀羅尼がセットとなっている作品に限られる。

代表的な五護陀羅尼の作品が、サンスクリット語の経典挿絵に描かれた五護陀羅尼である（図2-10）。経典はもちろん『五護陀羅尼』そのものである。そのほとんどがネパール系のサンスクリット写本で、一部はインドのパーラ朝までさかのぼるものもある。

五護陀羅尼の経典挿絵が、現在、何点存在するのか正確な数はわからないが、過去の出版物にはかなりの数の作品が紹介されている。これらの図像の細部を文献と照合してみると、そのすべてがほぼ同じ図像の形式をしていることがわかる。わかりやすいように、面数と臂数に限って示すと以下のようになる。

大随求＝四面八臂、降大千界＝四面八臂、孔雀明王＝三面八臂、

大護明＝三面一二臂、大寒林＝三面六臂

これは、前節で見た五護陀羅尼の三つの系統のうち、『サーダナマーラー』二〇六番と完全に一致する。個々の持物を見ても、そのほとんどが同書の記述に合致していることがわかる。

一部の作品には、『サーダナマーラー』二〇六番には含まれない特徴も見られる。たとえば、コルカタのインド博物館が所蔵する一四世紀頃のネパール系の写本では、五護陀羅尼の各尊が動物に乗っている（図2-11）。大随求が獅子、孔雀明王が馬、大護明が孔雀、大寒林がガルダである。降大千界の図版は紹介されていないため不明である。

図2-10 『五護陀羅尼』写本 ネパール古文書局

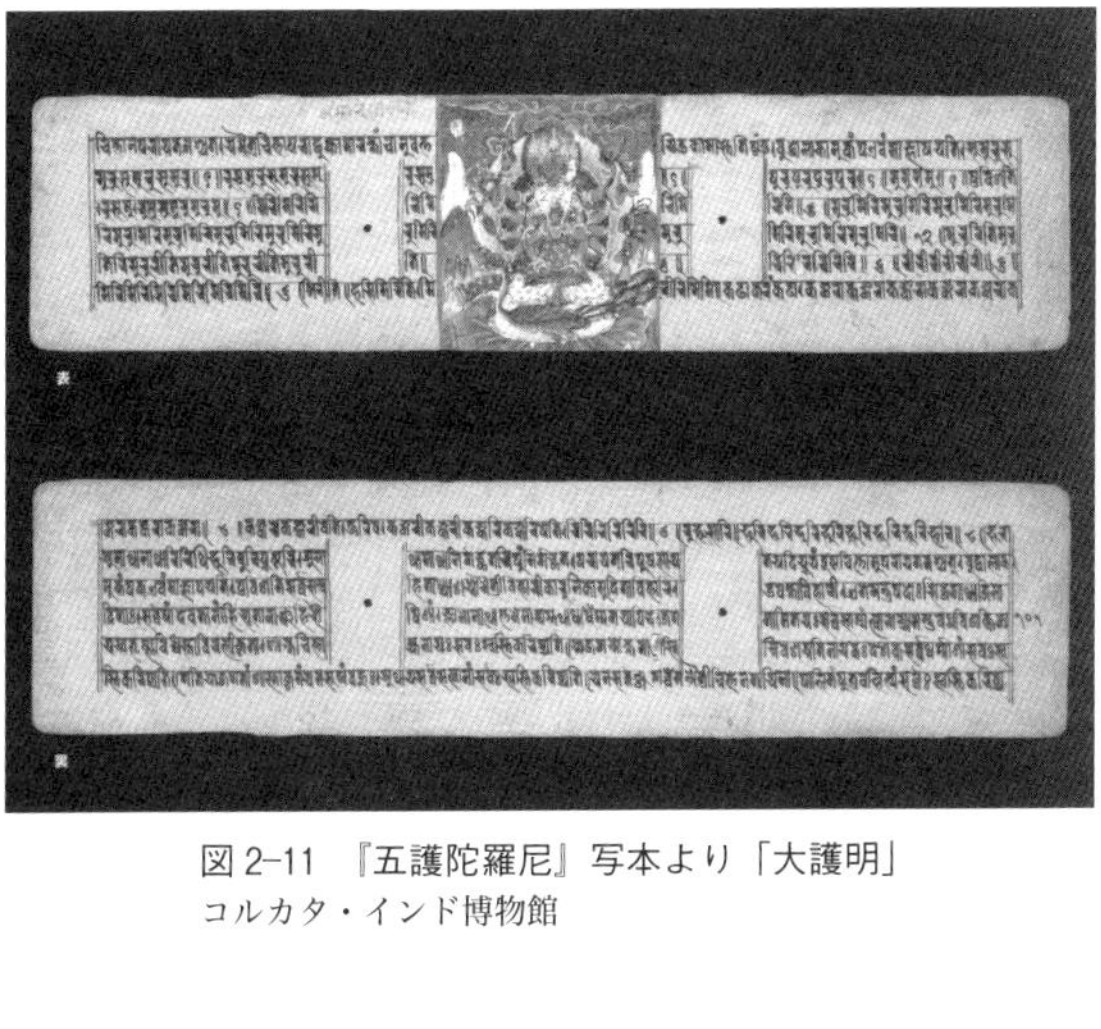

図2-11 『五護陀羅尼』写本より「大護明」
コルカタ・インド博物館

すでに述べたように、インド密教ではすべての仏が部族に配属されるが、これらの五種類の動物は、部族主の五仏の乗り物に一致する。すなわち、獅子は仏部の大日、馬は宝部の宝生、孔雀は蓮華部の阿弥陀、ガルダは羯磨部の不空成就である。欠けている動物は金剛部の阿閦が乗る象である。『サーダナマーラー』二〇六番には部族主についての情報は含まれていないが、写本挿絵として描かれる場合、五尊と五部族との対応が明確に意識され、それぞれの部族の動物が乗り物として加えられているのである。

図 2-12　十万塔供養　チャウニー・ネパール国立博物館

このような追加されたイメージや、顔の色、持物などの細部の相違はいくつか認められるものの、経典挿絵に描かれた女尊たちの姿は、ほぼ『サーダナマーラー』二〇六番の記述に忠実である。『五護陀羅尼』の写本は一部、インドで制作されたものもあるが、それを除けば、ほとんどがネパールで作られた。カトマンドゥ盆地を中心とするネパール仏教は、三種の五護陀羅尼の図像系統の中から、これを選び、多くの作品を生み出したのである。その中には、写本挿絵以外にも、ボーパーと呼ばれる規模の大きな絵画形式の五護陀羅尼もある。たとえば、ネパール国立博物館が所蔵する仏塔とともに描かれた五護陀羅尼（図2-12）もそのひとつで、大随求を中尊とするこの系統の五護陀羅尼が、『サーダナマーラー』の記述どおりに描かれている。

図2-13　『五百尊図像集』より五護陀羅尼
ハンブルク大学インド文化歴史研究所

チベットの白描図像

ネパールと同様、インド仏教の伝統を受け継ぎながら、チベットではこれとは異なる様相を示す。

チベット仏教の代表的な図像集のひとつである『五百尊図像集』は、チベット仏教の仏たちの百科事典のような白描集であるが、通常は一尊のみを描くその一区画の中に、五護陀羅尼全員を描いた箇所がある（ナルタン部第三葉右、図2-13）。五尊は均等に描かれるのではなく、五護陀羅尼の中心である大随求を、中央やや上方に大きく描き、残りの四尊をその手前に環状に配する。左上から左回りに、孔雀明王、降大千界、大護明、大寒林である。比定の根拠は、これら五尊の特徴が『サーダナマーラー』二〇一番の特徴に正確に一致するためである。現在のところ、この系統の五護陀羅尼の作例は、チベットに限らず、この『五百尊図像集』のみであり、その点できわめて貴重である。

ところで、この系統の場合、大護明と大寒林はいずれも一面四臂で、しかも持物がまったく同じであるため区別がつかない。さいわい『五百尊図像集』は彩色版も遺されており、それによって比定することができる。また、降大千界については、『サーダナマーラー』には具体的な説明がなく、「前に述べた如し」という記述のみであることはすでに紹介したが、ここに描かれている降大千界の姿は、同じ区画に描かれた大随求と瓜二つである。大随求と降大千界との間には孔雀明王が説かれているため、なぜ「前に述べた如し」という指示に対して、大随求を「前」と理解したのかは明らかではない。

図 2–14 『五百尊図像集』より大随求
ハンブルク大学インド文化歴史研究所

図2-15　『三百尊図像集』より大随求　東洋文庫

『五百尊図像集』には『ニシュパンナヨーガーヴァリー』のマンダラの主尊をまとめたセクションがある。マンダラの中尊であるため大随求のみであるが、この文献の記述どおりの白描がある（ドルテン部第一六葉中、図2-14）。

『五百尊図像集』とならんで著名なチベットの白描集に『三百尊図像集』があるが、そこでは五護陀羅尼はひとつの区画に一尊ずつ割り当てられている。第五九葉の三つの区画と、第六〇葉の左と中央の区画である（図2-15）。五護陀羅尼の配列は、五九葉の中央が大随求、左が降大千界、右が大護明、六〇葉の中央が大寒林、左が孔雀明王である。この白描集の各葉は三つの区画からなるが、配列にいくつかの法則があり、とくに、中央をまずはじめに埋めてから、残りの左右の区画を埋めることが多い。ここでも第五九葉の中央に、五護陀羅尼の中心にいる大随求を置き、これに左の降大千界、右の大護明と続き、第六〇葉も、大寒林を中央にして、最後の孔雀明王を左に置く。この順序は『ニシュパンナヨーガーヴァリー』の五護陀羅尼の配列に一致している。

しかし、各尊の特徴は『ニシュパンナヨーガーヴァリー』とはほとんど一致しない。面数や臂数、持物などを文献に照らし合わせると、大随求と孔雀明王は『サーダナマーラー』二〇六番、大護明は同二〇一番にそれぞれ正確に一致する。残りの二尊のうち、降大千界は『サーダナマーラー』一九八番に重なる部分が多いが、完全には一致しない。大寒林は四面八臂という特徴のみは『ニシュパンナヨーガーヴァリー』の大寒林と同じであるが、持物はかなり異なる。複数の系統を集約したような様相を示しているのである。これはチベットの五護陀羅尼としてはめずらしいケースである。

その他の作品

チベット大蔵経の中でも重要な版本のひとつであるデルゲ版大蔵経には、各巻の巻頭頁の左右にスペースを作り、一体ずつ尊像が表されている。これもチベット図像学の重要な資料である。このうち、通帙第八九巻から九一巻までの三巻に、五護陀羅尼が登場する。第八九巻の左が降大千界、右が孔雀明王、第九〇葉左が大随求、右が大寒林、第九一葉左が大護明である。

ここに描かれている五護陀羅尼は、『サーダナマーラー』二〇六番に忠実に従っている。これはインド・ネパール系の五護陀羅尼のサンスクリット写本挿絵と同じ系統である。配列は無秩序のように見えるが、五護陀羅尼の中心である大随求を中央の第九〇巻に据え、それを取り囲むように残りの四尊が配されていることがわかる。

五護陀羅尼のもうひとつの系統である『ニシュパンナヨーガーヴァリー』にもとづく作例もある。モンゴル語の大蔵経仏説部（カンギュル）の挿絵である。チベットではなくモンゴルであるが、これを含めてインドで成立した五護陀羅尼の系統がすべて後世まで伝わり、図像表現されていることになる。

モンゴルからはもうひとつ、興味深い作品が報告されている。テラコッタの五護陀羅尼の浮彫で、正方形のプレートの中央と四隅を使って、五護陀羅尼が表現されている。ここに表されている五尊は、これまでの三つの系統のいずれにも一致しないが、『サーダナマーラー』の中に該当する記述を見出すことができる。

『サーダナマーラー』には五護陀羅尼をまとめて説く二つの成就法の他に、単独の五護陀羅尼の各尊を扱った成就法があった。一九四番から一九六番の大随求、以下、一九七番の孔雀明王、一九八番の降大千界、一九八番の大護明、二〇〇番の大寒林である。テラコッタに表現されている五護陀羅尼は、これらの記述に正確に一致しているのである（Mevissen 1990）。

もともと『サーダナマーラー』が編纂されたときに、これらの成就法がまったく別個のもののして扱われていたかどうかは明らかではないが、記述の形式が類似していることや、大随求を除き、いずれも一篇ずつのみで、重複する成就法がないことから、五護陀羅尼として意識されていた可能性はある。いずれにしても、このテラコッタの作者が、五護陀羅尼としてまとまって説かれた他の系統ではなく、あえて、これらの成就法をひとまとまりのものとして選んだことはたしかである。なお、この作品では、通常は中央に来る大随求を上段の左に置き、以下、その右、中段、下段の左から右という順番にならべる。これも『サーダナマーラー』に説かれた順序を強く意識していたためと考えられる。

五護陀羅尼のマンダラ

最後に五護陀羅尼のマンダラについて述べておこう。

チベットには二つの形式の五護陀羅尼のマンダラがあり、これまでに紹介した『サーダナマーラー』二〇六番と『ニシュパンナヨーガーヴァリー』の二系統に対応する。

前者の系統のマンダラは、全体が五三尊からなる。中尊は大随求で、その四方には『サーダナマーラー』の記述どおりに、五護陀羅尼の残りの四尊が位置する。さらにそのまわりには、第二重として八方天、第三重に九曜、二十八宿という星宿の神々が取り囲み、全体の楼閣の門には四天王が配されている。

もうひとつの『ニシュパンナヨーガーヴァリー』の系統のマンダラは、これよりも尊格数が少なく、一三尊である。中尊が大随求、その四方が残りの四尊であることは同じであるが、方角や各尊の特徴は『ニシュパンナヨーガーヴァリー』に従うため、当然、前者の五三尊マンダラとは異なる。五護陀羅尼以外の八尊のうち、はじめの四尊はカーリー、カーララートリン、カーラカーンティ、マハーヤシャの四人のヒンドゥー教の女神たちで、五護陀羅尼の外側の四方に位置し、残りの四尊は門衛である金剛鉤女、金剛索女、金剛鎖女、金剛鈴女で、金剛界マンダラの四摂菩薩の女性形である。中央の五護陀羅尼が女尊であるため、他の仏たちもすべて女性になっている。

図2-16　ゴル寺の四種のマンダラ　キンベル美術館

この系統の五護陀羅尼のマンダラの代表的な作品が、一五世紀の初頭にチベットのサキャ派の古刹ゴル寺で作成されたマンダラ集（図2-16）で、その第一四幅の左上に描かれている（図2-17）。忠実に『ニシュパンナヨーガーヴァリー』の記述に従っている。

同時に、この作品は、もうひとつの五護陀羅尼の系統である『サーダナマーラー』二〇六番の五護陀羅尼も含んでいる。第一

図2–17　五護陀羅尼マンダラ（図2–16部分）

四幅には左上の五護陀羅尼マンダラの他に、三つのマンダラも描かれているが、これら四つのマンダラでできた余白を埋めるように、小さな円形の区画が、中央と四辺の中央に作られ、全体で五つある。ここに描かれているのが、『サーダナマーラー』二〇六番の五護陀羅尼である。一つの作品に、二つの系統の五護陀羅尼が描かれたユニークな作品である。

じつは、ゴル寺のこのマンダラ集は、チベットで作られたものであるが、実際に制作にあたったのはカトマンドゥ出身のネパール人の絵師たちであることがわかっている。彼らは、『ニシュパンナヨーガーヴァリー』の五護陀羅尼のマンダラを描いた上で、さらに、自分たちにとってなじみの深い『サーダナマーラー』二〇六番の五護陀羅尼もそこに描きこんだのである。チベットとネパールという二つの地域に伝わる五護陀羅尼の系統を統合したような貴重な作品といえよう。

日本には五護陀羅尼のマンダラは伝わっていない。しかし、孔雀明王を本尊とするマンダラ（図2–18）がある。不空の『壇場義軌』に従って仏たちが描かれた大規模なマンダラで、孔雀経曼荼羅と呼ばれる。平安時代に流行した「別尊曼荼羅」というジャンルのマンダラのひとつである。

本尊の孔雀明王は不空の儀軌どおり、一面四臂で、東京国立博物館の作品のような単独の孔雀明王の作例とまったく同じ形式である。その孔雀明王を中央に置いた八葉蓮華の花弁には、過去七仏と弥勒の八尊が描かれ、その四方には四辟支仏、四隅には四大声聞を置いて第一院が構成される。第二院にはヒンドゥー教の八方天とその眷属をめぐらし、その外側の外院には四方と四隅に二十八夜叉、それらの間に九曜、十二宮、二十八宿を描く。外院の星宿の神々は、チベットの五三尊からなる五護陀羅尼のマンダラとも共通するところが興味深い。

第3章 観音になった女尊チュンダー

1　チュンダーという女神

観音と女尊

日本の仏の世界には、基本的には女尊はいない。少なくとも伝統的な仏の分類法では、「女尊」のようなグループはたてない。あるのは、仏部・観音部・菩薩部・明王部・天部くらいである。それでは、女尊はどこにいってしまったのかといえば、いくつかのグループに分散している。たとえば、前章のマハーマーユーリーは孔雀明王なので明王部であるし、インドで人気の高かったマーリーチーは摩利支天として天部に含まれる。

しかし、最も多くの女尊を受け入れたのは観音部であろう。観音は菩薩のひとりであるが、その種類の多さから、菩薩部から独立して観音部をたてるようになった。これは、観音がさまざまな姿をとって現れる「変化《へんげ》観音」の信仰と関連する。十一面観音、千手観音、不空羂索観音、如意輪観音などはその代表である。もともと変化観音は、観音の功徳を説く『法華経』の「普門品」の中で説かれるが、そこから三十三の変化身をとるという信仰が生まれた。三十三身は、梵天の姿をとった梵王身や、自在天の姿をとった自在天身などの既存のヒンドゥー教の神や、長者身、比丘身、童女身などの社会階層や集団名を名称とする変化身などがある。三十三の変化身は、インドでは実際に絵画や彫刻などで表されることはなかった。十一面観音などのよく知られた変化観音とは別の観音のグループなのである。

初期の密教の時代に流行した陀羅尼信仰において、観音を本尊とする陀羅尼も多数出現した。これが十一面観音や千手観音などの変化観音と結びつく。彼らは密教系の変化観音と呼ぶことができるが、むしろ、変化観音といえば、これらの観音たちを指すと一般には理解されている。

これらの変化観音に紛れ込むように、女尊を起源とする観音たちがいる。そのほとんどが陀羅尼にかかわる女尊たちで、インドにおける陀羅尼信仰と、種類を増やし続ける変化観音への信仰とが重なるところに、女尊がうまく自分の占める位置を見つけたともとらえられる。

ただし、もともと女尊であるといっても、その起源はさまざまで、観音と見なされるようになった時期も同じではない。その中から、代表的な女尊起源の観音として准《じゅん》胝《でい》（図3−1）を取り上げる。

図3−1　准胝観音像　六角堂能満院

チュンダーという名称

准胝観音は日本の観音の中では十一面観音や千手観音ほど有名ではなく、聖観音、馬頭観音、不空羂索観音、如意輪観音などにもやや知名度は劣るであろう。作例数もそれほど豊富ではない。単独の作例の他に、六種の観音をまとめた「六観音」のうちの一尊として作られることもある。六観音の内訳は、今あげた十一面観音以下の顔ぶれであるが、これに准胝をくわえると七尊になる。准胝が六観音に加わるのは真言宗、とくに醍醐寺の三宝院を中心とした小野流という流派が中心である。その場合、不空羂索観音が外れる。これに対し、天台宗では准胝を観音とは見なさず、かわりに不空羂索を数える。仏の起源を考えた場合、天台宗の判断の方が妥当である。そもそも准胝、すなわちチュンダーはインドでは女尊であったし、准胝を説く経典においても、一貫として女尊とみなされている。そこでは准胝は「仏母」と呼ばれ、「准胝観音」はもちろん、「准胝菩薩」という呼称も現れない。

チュンダーというサンスクリット語の名称に対して、准胝という訳語が当てられるが、これは音写語で、他にも准提がある。チュンダー以外にも「チュンディー」(Cundī) をあげる仏像辞典などもあるが、漢訳語の発音やインドの文献での表記から、チュンダーであることはほぼ確定している。

チュンダーという名称はヒンドゥー教の女神チャンディーやチャンディカーを想起させる。

これらはいずれもドゥルガーの異称として広く知られ、「恐ろしき女神」を指す名称として、ヒンドゥー教の聖典にしばしば登場する。とくに、女神信仰の根本聖典『デーヴィーマーハートミヤ』では、物語の主役として、男性の神がみをしのぐ活躍をする。そこでは、ドゥルガーという名はむしろ現れず、チャンディーやチャンディカーを含むさまざまな呼称を使っている。

両者の名称がきわめてよく似ていることは興味深い。ただし、ドゥルガーがチュンダーの起源であると説明する仏像解説書などもあるが、これは短絡的すぎる。ヒンドゥー教の女神の方のチャンディー（Caṇḍī）もチャンディカー（Caṇḍikā）も、二つ目の文字はṇḍという反舌音（舌をそらせて出す音）であるのに対し、チュンダー（Cundā）は歯音（舌の先を歯に当てて出す音）のndで、インドではこれらは明確に区別される。漢訳名の准胝や准提もこれを支持する。

チュンダーという名称そのものは、サンスクリット語の動詞cudに由来するというのが定説である。この動詞は「促す、励ます、駆り立てる、鼓舞する」といった意味をもち、そこから作られたチュンダーという陀羅尼は、仏道にはげむものを鼓舞する役割を果たすことになる。チュンダーの陀羅尼は「オーム、チャレー、チュレー、チュンデー、スヴァーハー」（oṃ cale cule cunde svāhā）というきわめて短いものである。意味は「オーム、活動する女神よ、奮い立たせる女神よ（あるいは、奮い立つ女神よ）、チュンダー女神よ、スヴァーハー」である（上村一九八九による）。始めの「チャレー、チュレー」というのは、このような意味にもとれるが、むしろ「チュンデー」（チュンダー女神よ）という呼びかけの語によく似た音の言葉を、語呂合わせのように加えたのであろう。漢訳経典では、この陀羅尼を九〇万回唱えることで、無量の劫のあいだにつくり出したあらゆる罪をぬぐい去り、正等覚が得られることが説かれている。修行に疲れ、心がくじけそうになった行者たちが、自らを励まし、修行に邁進し、あわよくば、滅罪と正覚を得られるよう、せっせとこの陀羅尼を唱えたのであろう。

2　文献に説かれるチュンダー

漢訳経典の准胝

チュンダーに関する独立した漢訳経典は、以下の五本が存在する（順序は成立順）。

地婆訶羅《じばから》訳『仏説七倶胝《しちくてい》仏母《ぶつも》心大《しんだい》准提《じゅんでい》陀羅尼《だらに》経《きょう》』（大正蔵二〇巻、一〇七七番）

善無畏訳『七仏倶胝仏母心大准提陀羅尼法』（大正蔵二〇巻、一〇七八番）

善無畏訳『七倶胝独部法』（大正蔵二〇巻、一〇七九番）

金剛智訳『仏説七倶胝仏母准提大明陀羅尼経』（大正蔵二〇巻、一〇七五番）

不空訳『七倶胝仏母所説准提陀羅尼経』（大正蔵二〇巻、一〇七六番）

このうち、善無畏の『七倶胝独部法』を除く四本は、ほぼ同じテキストにもとづいて翻訳された異本と見なされている。ただし、内容には出入りがあり、とくに善無畏の『七仏倶胝仏母心大准提陀羅尼法』は、経典としては不完全な内容である。

いずれもタイトルに「七倶胝仏母」という語が現れる。「倶胝」(koṭi)というのは数を示すことばで、千万とも百万ともいわれる膨大な数である。「七」があるのは、単にその七倍というだけではなく、シンボリックな意味で用いられ、完全な数を表すのであろう。「無限にわたるすべての」という意味合いをもつ。そして、それを冠する仏母チュンダーは、すべての仏の母ということになる。なぜなら、チュンダーの陀羅尼を唱えることで、それらの仏たちが過去世においてすべて正覚を得たからであると、経典には説かれている。実際、チュンダーの陀羅尼を唱えることで、一般の陀羅尼経典に見られるような現世利益的な効果も大いにうたわれているが、その一方で、悟りを得る過程で生じるさまざまな妨げが、この陀羅尼によって消滅し、すみやかに等正覚に至ることが強調されている。行者を鼓舞するチュンダーの陀羅尼ならではの効果であり、これによって、無数の仏が成道をなしえたのである。

チュンダーの尊容については、不空訳本と金剛智訳本のそれぞれ末尾にある「画像法」に詳しい。年代の一番古い地婆訶羅訳本や、上記の善無畏訳本には含まれない。翻訳のもととなったサンスクリット・テキストに増広が加えられたのであろう。このような儀軌的な内容は、漢訳者の創作であることも多いが、この場合は、金剛智訳本と不空訳本の両者にほぼ同一の内容が見られることから、オリジナルテキストにすでに含まれていたと考えられる。

画像法の内容は、金剛智訳と不空訳で大きな違いはなく、以下のようになる(表1)。

身色は黄白色で結跏趺坐で蓮華の上に坐す。円光を周囲に放ち、衣裳と種々の装身具を身に

表1　漢訳経典に説かれる准胝

出典	面数	臂数	身色	持物・印		
金剛智訳『佛説七倶胝佛母准提大明陀羅尼経』（大1075）	1	18	黄白色	右	説法印	施無畏印、剣、数珠、微若布羅果、越斧、鉤、跋折羅、宝鬘
				左		如意宝幢、蓮華、澡灌、索、輪、螺、賢瓶、般若経
不空訳『七倶胝佛母所説准提陀羅尼経』（大1076）	1	18	黄白色	右	説法印	施無畏印、剣、宝鬘、倶縁菓、鉞斧、鉤、金剛杵、念珠
				左		如意宝幢、開敷蓮華、軍持、羂索、輪、商佉、賢瓶、般若経

付ける。衣の色は白である。顔には三つの眼があり、腕の数は十八本、すなわち十八臂である。その持物・印相は、はじめの左右の二臂で説法印を示し、以下、右は施無畏印、剣、宝鬘、倶縁菓《くえんか》、鉄斧、鉤、金剛杵、念珠、左は如意宝幢《にょいほうどう》、開敷蓮華《かいふれんげ》、軍持（携帯用の小型の水瓶）、羂索、輪、商佉《しょうきゃ》（ほら貝）、賢《げん》瓶《びょう》（丸い形の壺）、般若経である。

チュンダーについての記述は以上であるが、その周囲に特徴的なものをいくつか描く。

蓮華の下には池を描き、その中にナンダとウパナンダという二匹の龍王がいて、蓮華の茎を支える。左辺には「持誦者《じじゅしゃ》」と呼ばれる人物が、香炉を捧げ持って、チュンダーを仰ぎ見ている。持誦者というのは、陀羅尼を保ち、誦唱する者で、チュンダーに対して供養を行っているのである。チュンダーの上には二人の「浄居《じょうご》天子《てんし》」がいる。手には華鬘《けまん》を持っている。これは仏像の光背上部左右に表される飛天のことで、華鬘を持つのは、その最も一般的な姿である。

以上が、不空訳の「准胝仏画像法」であるが、金剛智訳もこれと大差ない。持物の一部に順序の違いが見られるが、あげられている持物そのものはすべて同一である。

このように、漢訳経典に説かれるチュンダーの尊容は、一面十八臂で蓮華の上に坐り、その蓮台を支える二龍王、供養する持誦者、そして、上部で飛翔する二人の天子で構成される。これ以外の形式のチュンダー（准胝）は、漢訳経典では伝えられていない。実際、日本で制作された准胝の絵画や彫刻は、いずれも基本的にこの画像法に従ったと考えられ、尊容は安定している。

サンスクリット文献のチュンダー

これに対し、サンスクリット文献に説かれるチュンダーは大きく異なる（表2）。

『サーダナマーラー』には三種の「チュンダー成就法」が説かれている（第一二九番～一三一番）。それらに登場するチュンダーは、いずれも一面四臂で、漢訳経典の十八臂像とは別系統の図像と考えるべきである。持物や印相も三つの成就法ですべて共通で、四臂のうち、二臂で定印を結び、その上に鉢を載せ、残りの右手は与願印を示し、左手には梵篋《ぼんきょう》を載せた蓮華を持つ。蓮華と経典は十八臂像にも見られたが、それぞれ別の手で持っていた。また、漢訳経典では「般若経」と経典名が明記されていたのに対し、『サーダナマーラー』では経本（pustaka）

表２　サンスクリット文献に説かれるチュンダー

<table>
<tr><th>出典</th><th>面数</th><th>臂数</th><th>身色</th><th colspan="3">持物・印</th></tr>
<tr><td rowspan="2">SM129 〜 131</td><td rowspan="2">1</td><td rowspan="2">4</td><td rowspan="2">黄</td><td>右</td><td rowspan="2">鉢</td><td>与願印</td></tr>
<tr><td>左</td><td>梵夾を載せた蓮華</td></tr>
<tr><td rowspan="2">NPY20（文殊金剛マンダラ）</td><td rowspan="2">3</td><td rowspan="2">26</td><td rowspan="2">月の色（＝白）</td><td>右</td><td rowspan="2">説法印</td><td>施無畏印、剣、宝石、シトロン、矢、斧、棍棒、槌、剣、鉤、金剛杵、三旗の手の形、数珠</td></tr>
<tr><td>左</td><td>如意宝幢、蓮華、軍持、羂索、弓、槍、輪、剣、期剋印、壺、投げ槍？、般若経典</td></tr>
<tr><td rowspan="2">NPY21（法界語自在マンダラ）</td><td rowspan="2">1</td><td rowspan="2">2</td><td rowspan="2">白</td><td>右</td><td colspan="2">羯磨杵</td></tr>
<tr><td>左</td><td colspan="2">数珠をかけた水瓶（持物の左右の指定なし）</td></tr>
<tr><td rowspan="2">NPY26（時輪マンダラ）</td><td rowspan="2">1</td><td rowspan="2">4</td><td rowspan="2">白</td><td>右</td><td colspan="2">槌、槍</td></tr>
<tr><td>左</td><td colspan="2">蓮華、杖</td></tr>
</table>

略号　SM:『サーダナマーラー』 NPY:『ニシュパンナヨーガーヴァリー』

とあるのみで、その内容は不明である。

『ニシュパンナヨーガーヴァリー』では三種のマンダラにチュンダーは含まれる。このうち、第二十章の文殊金剛マンダラのチュンダーは、三面二十六臂をそなえ、一面十八臂よりもさらに複雑な姿をとる。持物や印相は、十八臂像に見られたものはほぼ含まれ、新たにいくつかの持物などをそれに加えてできている。主要な二臂で説法印を示すことも、十八臂像と同じである。この姿は、チベットの図像集のひとつ『五百尊図像集』で見ることができるが、インドの作例には見出されない。

この他、一面二臂で、羯磨杵《かつましょ》を右手に、数珠をかけた軍持を左手に持つタイプと、一面四臂で、右手に槌と槍、左手に蓮華と杖を持ちタイプが現れる。前者の二臂像については、右手に持った羯磨杵はこの尊固有の持物ではなく、同じ方角に並ぶその他の仏と共通する持物で、全員が同じグループに属することを示している。そのため、通常であれば左右の手で分けて持つ数珠と水瓶を、片方の手で持つことになる。後者の四臂像も、『サーダナマーラー』の四臂像とは別系統の像である。

3 チュンダーの作例

初期のインドの作例

インドに残るチュンダーの作例は、女尊中では比較的豊富である。筆者がこれまでに確認した作品は三四点ある。これは突出した作例数のあるターラーを別にすれば、マーリーチーよりやや少ないが、般若波羅蜜よりは多く、おそらく第三位に位置するであろう。日本ではそれほど流行した尊格ではなく、インドの影響を強く受けたネパールやチベットでもあまり多くの作例は知られていない。インドでのみ、なぜこれだけ流行したのか不思議である。それほど修行に疲れた仏教の行者たちがいたのであろうか。チュンダーの陀羅尼を唱え、自らを叱咤激励しながら、なんとか修行を続けていたことになるが、実際はよくわからない。

インドのチュンダーの作例でおそらく最も古いと考えられるのは、西インドのエローラ石窟にある（図3-2）。場所は第一二窟の第一層の祠堂、入ってすぐ左側である。対となる右側はターラーの坐像である。第一二窟はエローラの仏教窟の中でも最も成立の新しい窟である。同じ第一二窟の第三層にも陀羅尼の女尊たちの群像があることは、前章のマハーマーユーリーのところでも述べたが、第一窟の作品はそれよりもさらに新しい時代に属する。陀羅尼の仏たちへの信仰が続いていたことがうかがわれる。

このチュンダー像は、蓮華の上で正面向きに結跏趺坐で坐り、一面四臂をそなえる。髪の毛を高く結い上げ、耳飾り、臂釧、腕釧など豪華な装身具で全身を飾る。乳房を帯のような布で覆うのは、この地域の女尊像でしばしば見られる特徴である。四臂のうち、手前の左右の二臂は定印を結び、その上に鉢を載せている。後ろの二臂のうち、右手は数珠を、左手は蓮華を持つことが確認できる。これらの特徴はいずれも『サーダナマーラー』に説かれるチュンダーの尊容にほぼ一致するが、テキストでは四臂の持物のうち後の方の右手が数珠ではなく与願印で、左手は経典を載せた蓮華であった。

図 3–2　チュンダー　エローラ第 12 窟

オリッサ

エローラなどの西インドの後期石窟に見られる仏教美術は、東インドのオリッサ地方と関係が深い。インドの東西に位置する両地域であるが、人的な交流があったことがうかがわれる。

西インドの仏教美術は、南インドの東部に位置するアーンドラ地方からも影響を強く受けている。

オリッサからは一四例のチュンダー像をこれまで確認したが、その大多数を占める一一例が四臂像であった。そのすべてがエローラと同じ形式で、正面向きの結跏趺坐の一面四臂像である。持物や印相も、欠損したり判別できないものを除き、いずれも鉢を載せた定印、そして数珠と蓮華であった。きわめてイメージが安定していることがわかる。

四臂像以外の三例は、おそらく八臂と考えられる像が一例と、十二臂像（図3―3）が一例である。このうち、八臂像の持物はほとんど確認できないが、十二臂像は保存状態も良好で、ほぼすべて比定できる。主要な二臂は鉢を載せて定印を結び、残りの腕には、右が与願印、与願印に丸いもの（果実か？）、矢、金剛杵、数珠、左がほら貝、羂索、梵篋を載せた蓮華、弓、不明（細長いもの）である。坐法がこれまでのものと異なり、半跏で、蓮台から右足を下に垂らして踏割蓮華の上に置く。さらに、台座の両端には女尊が二人表され、その持物から、向かって左

図3-3　十二臂チュンダー　パトナ博物館

がターラー、右がエーカジャターと推測される。これらの女尊の内側には、合掌する供養者や供物も置かれている。光背の上部にも尊像が三体あり、中心には触地印を示す仏坐像、左右には菩薩らしき尊がそれぞれ立っている。向かって右の像は、脛から上が失われている。

このように、十二臂をそなえたこの作品は、きわめて特徴的な像ではあるが、対応する記述を含むような文献を見出すことができない。しかし、体に一番近い腕の四本は、鉢を載せた定印、数珠、梵篋を載せた蓮華なので、これだけ取り出せば、一面四臂像と同じである。しかも、左手の持物が蓮華だけではなく、梵篋も載せている点は、サンスクリット文献にも一致する。また、右の数珠を持つ手の下では、与願印を示す腕もあり、これも『サーダナマーラー』の四臂像に見られた。四臂像の基本的な特徴をもとに、腕の数を増やしてできあがった像と考えられる。ただし、結跏趺坐ではなく半跏で右足を踏み下げるという特徴は例外的で、他の作例にも類を見ない。

ベンガル地方・ビハール地方

パーラ朝の版図であったベンガル地方、ビハール地方からは、二〇例のチュンダー像を確認した。ここでも一面四臂像（図3-4）が多数を占め、全体の七割近い一三例あった。エローラやオリッサ地方と同様、これらも結跏趺坐で坐り、持物も一致するが、蓮華の上に梵篋を載せた作例もある。定印を組むはずの右手を与願印に変える例もある。ニューデリーの国立博物館所蔵のチュンダー像（図3-5）もそのひとつで、左手のみを足の上に置いて、その上に鉢を載せ、右手は右足の前に垂らす。左の第二臂の蓮華の上にも梵篋を載せている。『サーダナマーラー』の記述と、四臂像の主流であった形式とを折衷したような尊容になっている。

四臂像を越える臂数のチュンダーは、六臂像が一例、十二臂像が一例、十六臂像が二例、十八臂像が四例となっている。このうち、十二臂と十六臂の像は、出版物のかなり荒い画像データしか得られなかったため細部が不明で、もう少し多くの腕をそなえていた可能性もある。

これらの多臂像の中で、十八臂の作例が目立って多い点が注目される。いうまでもなく、十八臂という特徴は、准胝を説く漢訳経典に共通してみられた重要な特徴で、日本の准胝像でも

図 3-4　チュンダー　ニューデリー国立博物館

図 3-5　チュンダー　ニューデリー国立博物館

基本となる形式である。漢訳経典にあげられていた十八臂の持物を、これらの十八臂像のそれと比べてみると、わずかに相違するものの、大半はよく一致している。しかも、四例の十八臂像のうちの少なくとも三例は、台座に二龍王と、光背上部に二飛天を表している。経典の記述にきわめて忠実なのである。

さらに、このうちニューデリー国立博物館所蔵のブロンズ像（図3-6）では、台座の手前に合掌する人物まで表されている。香炉を持っているかどうかは不明であるが、持誦者に相当

図3-6　十八臂チュンダー
ニューデリー国立博物館

図3-7　十八臂チュンダー
ヴァレーンドラ博物館

するのであろう。また、バングラデシュのヴァレーンドラ博物館所蔵の浮彫像（図3-7）では、台座の左右に剣をかまえた六臂の女尊が坐っている。これは、特徴は一致しないが、オリッサの十二臂像に見られた台座のターラーとエーカジャターを思い起こさせる。何らかのつながりがあるのかもしれないが、今のところ、はっきりしたことはわからない。

4　文献と作品

多様なチュンダー像

これまで見てきたように、インドのチュンダーは、最初期のエローラですでに一面四臂の結跏趺坐像ができあがっていて、同一形式の作品がオリッサ地方でも、ベンガル地方やビハール地方でも主流を占めていたことがわかる。『サーダナマーラー』では、右手で数珠を持つのではなく、与願印を示すことや、左手の持物の蓮華の上に梵篋を載せることを述べており、それに近い形式の四臂像も散見される。

しかし、四臂像以外のチュンダーも少ないながらも作られていたようで、六臂、八臂、十二臂、十六臂、十八臂と、さまざまな臂数が現れた。ただし、その中で作例数も比較的多く、特徴も共通するのは十八臂像で、チュンダー自身はもちろん、台座の蓮華を支える二龍王をはじめ、持誦者、二飛天など、漢訳経典の説く准胝にきわめて近い特徴をそなえていた。逆の見方をすれば、四臂から始まり、腕の数を増やす工夫を試行錯誤的に行って、最終的には十八臂像に落ち着き、さらにその周囲にチュンダー以外の人物等を配置する形式に発展したととらえることもできる。

漢訳経典にもこの十八臂像があげられている。結果的に、中国や日本に伝わった准胝の経典がこの形式のみであった。准胝像を制作する絵師も仏師も、それ以外の姿の准胝を作ることは思ってもみなかったであろう。実際、日本の准胝に十八臂以外の作例はほとんどなく、インドで主流であった四臂像ですら伝わらなかったようである。

ここで注意しておきたいのは、このような漢訳経典がもとづいたインドの文献は、作品よりも後に成立したと推測されることである。一般には、密教美術のような造形作品を制作するときには、このようなテキストが参照されたと考えられている。たしかに、日本の准胝の作例がほとんど経典の記述どおりの十八臂像であることを考えると、それは正しいであろう。経典以外にも儀軌や注釈書、場合によっては師から弟子に伝わったような口伝にもとづくこともある。

しかし、経典が成立したときに、まったく十八臂の像が存在しなかったとは考えにくい。それを端的に示すのが、チュンダーの台座を支える二龍王である。

蓮華を支える二龍王

チュンダーの台座に二龍王が現れることは、不空訳や金剛智訳の経典に明記されているので、何ら問題がないように思われる。経典の記述に忠実に従ってそこに表されていると説明すれば、それで終わりである。しかし、そもそもなぜここに二龍王が現れるのであろう。チュンダーに関するいかなる文献を見ても、そのことは書いていない。チュンダーが登場する何らかの神話や伝承があり、その出現に際して、龍王が姿を現し、台座の蓮華を支える役割を担ったというような物語があれば好都合なのであるが、どこにもそのような話はない。

チュンダーの台座に二龍王が現れることは、チュンダー自身のもつ図像上の特徴から説明すべきである。

蓮華の台を二龍王が支えるという形式は、インドの仏教美術ではすでに先例がある。舎衛城の神変《じんぺん》である。釈迦が舎衛城で行った奇跡の物語で、とくに、自分の体の周囲に無数の仏を生み出した千仏化現の奇跡が有名である。これによって、釈迦に対抗して神変を示そうとした外道の行者は圧倒される。千仏を出現させるために、釈迦はまず地面に手を触れる。そうすると地面からナンダ、ウパナンダの二龍王が出現して、地中から千枚の花弁をもった巨大な蓮華を彼らが生み出す。その蓮華の中央に釈迦は坐して、さらにその蓮華から無数の蓮華を枝分かれさせ、宇宙全体に広げ、その一つひとつに仏を出現させる。

舎衛城の神変を表した彫刻や絵画は、釈迦の生涯、すなわち仏伝の美術として、インド各地で好んで制作された。舎衛城の神変には、千仏化現以外にも、体から水流と火焰を放出する奇跡などもあるが、実際の作品に描かれるのは千仏化現の場面である。密教の時代でも、釈迦八相図の一場面には必ず選ばれている。その場合、無数の蓮華を表すわけにはいかないので、中心の釈迦を取り囲むように、左右対称にいくつかの蓮華と坐仏を表す。中心の釈迦は、正面を向いて結跏趺坐で坐り、例外なく説法印を示している。そして、釈迦が坐る蓮華の左右には、ナンダ、ウパナンダの二龍王もしばしば登場するのである。

舎衛城の神変であれば、蓮台を支える二龍王が登場するのは当然である。物語の内容を素直に表現しただけのことである。しかし、チュンダーの場合、それはあてはまらない。舎衛城の神変のような物語が、チュンダーにはないからである。

図像が生み出すテキスト

チュンダーの作例に二龍王が現れたのは、むしろ、その形式によると考えられる。十八臂のチュンダー像は、主要な二臂で説法印を示していた。そして正面向きで結跏趺坐で坐っている。その下には蓮華の台も置かれている。舎衛城の神変に登場する釈迦と、基本的なイメージが同じなのである。説法印を結び蓮華の上に結跏趺坐で坐るという特徴と、その蓮華を支える二龍王はひとつの形式にまとめられ、舎衛城の神変という物語を超えていったのである。

このことは、少なくとも二つの類例からも裏付けられる。ひとつは六字《ろくじ》観音（図3―8）である。六字観音は密教系の変化観音のひとりで、インドにいくつか作例がある。その特徴は、チュンダーと同じように、正面を向いて結跏趺坐で蓮台に坐る点である。四臂をそなえるところも、インドにおけるチュンダーの最も一般的な形と同じである。ただし、主要な二臂は説法印ではなく、胸の前で合掌している。その六字観音の作例のひとつに、蓮台を支える二龍王が出現している。六字観音にも舎衛城の神変のような物語は存在しない。何ら必然性がないところに、同じもチーフが現れるのである。六字観音と舎衛城神変の釈迦、そしてチュンダーと共通するのは、正面を向いて蓮華に坐り、胸のあたりに両手を構えるポーズだけである。

図3-8　六字観音　ヴァレーンドラ博物館

もうひとつの例は、マハーラーシュトラの石窟寺院に見られる仏の集合図である。アジャンター石窟では、壁一面に仏坐像を表し、その一番下の中央に、説法印を示す仏坐像を置く（図3–9）。そして、その台座の蓮華を二人の龍王が支えている浮彫がある。おそらくこれは、千仏化現を最もシンプルに表したものであろう。ここでは二龍王がいることには、何の問題もない。

しかし、アジャンター近くのカーンヘリー石窟には、蓮台に坐り説法印を示す仏を中心にしながらも、その周囲には千仏ではなく、菩薩や女尊などさ

図3–9　千仏化現　エローラ第7窟

まざまな種類の仏が表された浮彫がある（図3–10）。これはすでに舎衛城の神変のような物語の世界ではなく、仏を中心とした諸尊の集合図と呼ぶべき作品である。そして、ここでも、説法印を示す中心の仏の蓮台は、二龍王によって支えられている。

蓮台を支える二龍王は、すでに特定の物語から離れ、図像上のひとつの形式として、さまざまな作品に登場するようになったのである。チュンダーもそのひとつに過ぎない。こうして形成された作品がすでに存在していたからこそ、その特徴をまとめた経典や儀軌ができあがるのである。文献にもとづいて作品が生み出されたのではなく、すでにできあがった作品の特徴を

図3-10　仏説法図　カーンヘリー第90窟

まとめたのが、テキストなのである。

日本の准胝像

わが国にチュンダーが伝えられたのは経典によるもので、上述の関連経典がすでに奈良時代には伝来している。その後、平安時代になっても、空海や最澄らの入唐僧らが次々とチュンダー関係の経典や儀軌を請来している。しかし、像そのものについては、奈良時代の現存作例はなく、初出は空海が請来した両部の曼荼羅のうちの胎蔵幅に描かれた像と考えられる。請来本の系統に含まれる御室版の白描（図3−11）では、蓮台の上で結跏趺坐をとる一面十八臂の准胝像の姿がはっきり描かれている。

胎蔵曼荼羅では、この准胝が、観音とその眷属を集めた蓮華部院ではなく、中尊の大日如来を中心とする中台八葉院のすぐ上に位置する遍智院に含まれることから、観音とは見なされていなかったこともよく知られている。准胝の尊容は胎蔵曼荼羅の典拠である『大日経』にも、

図 3-11　准胝観音　御室版大悲胎蔵生曼荼羅

その注釈書である『大日経疏』にも含まれていないため、それにかわって用いられたのが、上記の不空や金剛智の「准胝仏母画像法」であったと考えられている。当然、一つひとつの持物をはじめ、基本的な特徴はすべてこの文献の記述に合致する。ただし、准胝の周囲に描かれるべき池と二龍王、持誦者、二浄居天は描かれない。マンダラの中の一尊として描くときには、必要のない要素と判断されたのであろう。

准胝を単独で表すときには、これらの登場人物も復活する。京都の広隆寺の絹本著色本や、細見美術財団所蔵の同じく彩色本（図3-12）などでは、台座を支える龍王や、空中を浮遊する二浄居天の姿が見られる。とくに、後者の細見美術館所蔵品については、すでに詳細な研究があるが（松浦　一九九〇）、蓮台を支える龍王がインド的なナーガの像ではなく、中国の官人の姿をしている。龍王であることを示すのは、官人の首に巻き付き、その頭の後ろに自分の上半身をもたげる龍そのもので、こんなものが首に巻き付いていたら、さぞかし邪魔だろうと思われるような姿である。

准胝の儀軌などに、官人のスタイルをした龍王を描くという記述はないため、絵師の裁量で描かれたのかもしれないが、真言宗が伝えた龍神である「善女龍王《ぜんにょりゅうおう》」が、やはり中国の官人の姿をとることから、この龍王を本尊とする請雨法《しょううほう》の儀礼と、この准胝の画像が関係があったのではないかという推測がなされている。

図 3-12　准胝観音像　細見美術館

図 3–13　准胝観音　大正蔵図像部四

一般には、准胝を本尊とする修法は、息災法が基本で、とくに除災・延命・除病・求児などに威力を発揮すると信じられていた。とくに、九世紀に醍醐寺を開いた聖宝《しょうぼう》（八三二～九〇九）が、上醍醐に准胝堂を建立し、准胝と如意輪の両観音をまつり、朱雀と村上の両帝が生まれたと伝えられていることから、求児法や安産法に霊験があると見なされていた。請雨法は准胝が得意とする修法ではなかったのである。もし、准胝の坐る蓮台を支える二龍王が官人の姿をとることで、准胝の修法に請雨法の役割が与えられたとすれば、画像が儀礼に変化を与えたり、さらには新たな儀礼を生み出したことになる。

蓮台を支える二龍王を含む十八臂の准胝の姿は、密教の白描図像でも見ることができる。仁和寺に伝わる『唐本曼荼羅』に掲載される准胝像では、龍王と思われる二人の人物が、准胝を囲む円光を誇らしげに片手で掲げている。また『久原本図像』と呼ばれる白描集（図3–13）では、准胝の乗る蓮華の茎に、二匹の龍がみずからの胴体を巻き付けている。この図像はおそらく星曼荼羅や尊勝曼荼羅で、須弥山《しゅみせん》に巻き付く二龍王を借用したと考えられるが、「龍王が蓮台を支える」という経典の記述が、このイメージと結びついてしまったのであろう。

作例数は多くはないが、彫像の准胝像もある。かつて新薬師寺に伝来した平安時代の像や、滋賀の観音寺に伝わる像などが、優品として知られている。真言宗の小野流では、六観音の一尊に数えられることから、その一体として制作されることもある。京都の大報恩寺の六観音中の一体はその代表的な作品で、鎌倉中期の仏師定慶の作として知られている。

これらはいずれも立像で、経典にある坐像ではないが、十八臂をそなえていることから、坐像を立像に置き換えたと考えるのが自然である。とくに、六観音の場合、如意輪を除く他の四体の観音は、いずれも立像で、しかも准胝のように臂数の多い千手観音も立像で表している。六観音というセット全体のバランスをとるための措置であるとも考えられる。ただし、すべての准胝の彫像がそうであるというわけではなく、たとえば、高野山の大伽藍にある准胝堂には、蓮台に坐る准胝観音が本尊として祀られている。比較的、近年の作であろうが、画像の准胝をそのまま彫刻に移し替えたような作品で、蓮台を支える二龍王も、しっかり表現されている。

5　チュンダーの臂数

臂数のもつ意味

インドでは四臂が主流でありながらも、六臂から十八臂までのあいだにいくつもの作品が遺されていたのに対し、日本では絵画にしろ彫刻にしろ、十八臂にほぼ限定されている。まれに、八臂像の准胝像もあるが（たとえば、東京国立博物館所蔵の絵画作品）、十八臂像が簡略化されたものと見なされ、実際、その持物や印相は十八臂像のそれらの中に完全に含まれる。これは、中国を経て日本に伝えられた准胝の経典や儀軌のほとんどが十八臂像を説くためで、文献の情報に頼らざるを得ない日本の密教図像のあり方をよく示している。

もっとも、十八臂以外の准胝がまったく知られていなかったともいい切れない。金剛智訳本には、二臂から八十四臂までの九種類の准胝をあげている。すなわち、二臂、四臂、六臂、八臂、十臂、十二臂、十八臂、三十二臂、八十四臂である。ただし、それは実際にそれだけの臂数をもつ准胝の像があり、それぞれの具体的な姿が説明されているというわけではない。仏教の教理の中で、特定の数をそなえた教えと、その数に対応する臂数の准胝を結びつけているだけなのである。たとえば、不二《ふに》の法門を求める者は二臂像を、四無量を求める者は四臂像を、六通《ろくつう》（六神通）を求める者は六臂像を、それぞれ観想せよ、といった具合に、以下、八正道、十波羅蜜、如来無辺広地（十二地）、十八不共法《じゅうはちふぐほう》、三十二相、八万四千の法門と続く。最後の八万四千の法門は、さすがに八万四千本の腕をもつ像を観想するのは無理と見たのか、わずかその千分の一の八十四臂になっているが、それも相当むずかしいであろう。

実際に、このような像をそれぞれ観想したかどうかはわからない。また、金剛智訳本以外の不空訳や地婆訶羅訳には、類似の記述が見られないことから、金剛智の創作であったのかもしれない。四無量などの教理を求めるために、わざわざ臂数の異なる像を造ったとも思えないので、単なる数あわせのようなものと考えられる。しかし、実作例のない二臂像や三十二臂像、八十四臂像はともかく、残りの四臂から十八臂は、インドにおいて作例が遺されている。逆に、金剛智訳で十二臂像の次が十八臂像になるのは、インドでもこのあいだの十四臂や十六臂がほとんど残っていないことと、不思議に一致している。そのことを知った上での設定であるとも考えたくなるが、あくまでも推測の域を出ない。

共有される四臂のイメージ

教理的な意味づけはともかく、チュンダーの実際の作例に見られる臂数の違いは、どのように解釈すべきであろうか。

四臂像が基本的な形式であったことは、その作例数が他と比べてはるかに大きいことからまちがいないであろう。ただし、その特徴とチュンダーであることとのあいだに、ほとんど積極的な理由は見出しえない。チュンダーが四臂でなければならない理由がまったくないのである。本書において、すでに何度も述べているように、本来、陀羅尼の尊格は特定のイメージは有していなかったと考えられる。逆にいえば、どんな姿の像でも、陀羅尼の仏として信仰されうる。しかし、実際は既存のイメージの影響を受けることが多かった。その中で、徐々に特定のイメージの像に収斂していったと考えられる。

四臂のチュンダー像によく似た図像を同時代のインドの作品で探してみると、般若波羅蜜、六字観音、青頸《しょうきょう》観音の三尊があげられる。このうち、般若波羅蜜は、名称のとおり、般若波羅蜜そのものを女尊の姿で表した尊格である（森　二〇一五）。二臂像と四臂像があり、二臂がインドでは基本だったようであるが、チベットではむしろ四臂の方が好まれた。二臂像の場合、胸の前で説法印を示し、体の左側もしくは両側に、梵篋を載せた蓮華を持つ。四臂の場合、説法印を示すことに加え、残りの二臂のうちの右手には数珠を持ち、左手には梵篋、もしくは梵篋を載せた蓮華を持つ。これらの二臂は、四臂のチュンダーの後ろの二臂と同一である。

六字観音についてはすでに取り上げたが、必ず四臂をそなえる。このうち、前の二臂は胸の前で合掌し、残りの二臂のうち、右手は数珠、左手は蓮華を持つ。ここでも、チュンダーの後ろの二臂と同じ持物が現れる。さらに興味深いことに、六字観音の作例のひとつには、蓮台を支える二龍王が表された作品もあった。十八臂のチュンダーに登場した龍王たちとまったく同じポーズをしている。

青頸観音の現存する作品は三点を数えるにすぎないが、いずれも両手で鉢をかかえる。これは毒を入れた容器を表すが、それは青頸観音という名称にかかわる。そもそも、青頸観音の名称の「青い頸（ニーラカンタ）」は、シヴァの異名として知られ、世界創造の際に出現した猛毒が、世界に広がらないようにすみやかに飲み干したシヴァが、毒のためにその頸の色が青黒く変わってしまったことに由来する。そのシヴァの名を借りて、図像もその神話をふまえて作り出されたと考えられている。

これら三種の尊格、般若波羅蜜、六字観音、青頸観音は、共通して正面を向いて結跏趺坐で坐る。青頸観音を除く二尊は、蓮華を台とすることも共通し、さらに六字観音には、その蓮台を支える二龍王まで登場することがあった。四臂のチュンダーの図像が生み出されるときに、よく似たイメージをそなえたこれらの尊格が、まったく無関係であったとは考えにくい。

その場合、いずれかが他方に一方的に影響を与えたというよりも、その全体が徐々に形成されたのであろう。正面向きに結跏趺坐で坐るというイメージが最大公約数的に共有されていて、さらに四臂、数珠と蓮華、さらに梵篋、説法印などが共通の要素として組み合わされたと考えられる。

十八臂像の出現

六臂以上のチュンダー像は、十八臂像を除き、それぞれの作例数も少なく、すでに述べたように、試行錯誤的に造像されたという印象を受ける。四臂像を基本にして、それに腕の数を増やしていったのである。基本となった四臂像の持物や印は、どんなに臂数が増えても、中心に近い四本の腕にまとまって現れる。とくに、主要な二臂で定印を示すことはほぼ共通して認められる。

これに対して、十八臂像を同じ流れでとらえることはできない。主要な二臂は定印ではなく説法印をしているし、残りの十六本の腕の持物は、単に四臂から増やしたという説明では片づけられないほどさまざまである。その中には、蓮華、梵篋、数珠といった四臂像に共通する持物も含まれるが、それ以外にも軍持（水瓶）やほら貝のような持物もある。中には、剣、斧、鉤、羂索、輪など、女尊には不似合いな武器もあるし、数の上ではむしろその方が多い。金剛杵もこの場合、仏具というよりも武器のひとつに見なされていたのであろう。金剛智訳では「金剛杵」という一般的な語は用いられず、「跋折羅《ばじら》」と「ヴァジュラ」をそのまま音写した訳語が当てられているが、これも、それを意識したものと考えられる。

このような一貫性のない持物が、なぜチュンダーには与えられたのであろう。しかも、四臂から十二臂まで、二臂ずつ徐々に増えていったように見える多臂像の中で、一気にその数を十八まで増やし、それが安定した姿として流行し、さらに文献に記述され、日本の准胝像の基本的なイメージになったのである。不思議としかいいようがない。

十八臂像が生まれた背景を考えた場合、仏教だけではおそらく不十分であろう。もともと、仏教で十八臂のような多臂をそなえた尊格はほとんどいない。後世のチベット密教では、それをはるかに越える臂数の異形の仏も現れるが、実際にインドで作例が遺るのは、降三世明王の八臂、サンヴァラの十二臂、ヘーヴァジュラの十六臂があげられる程度である。しかも、これらはいずれも男尊で、仏と同格、もしくはそれ以上の位にある忿怒形の尊格ばかりである。文献の中には、やはり同じジャンルの二十四臂のカーラチャクラや三十四臂のヴァジュラバイラヴァなどもいるが、作例は遺されていない。仮にあったとしても、ほとんど流布していなかったであろう。

十八臂をもつ女神

しかし、視野を仏教以外に広げてみると、状況は異なる。十八臂によく似たイメージをそなえ、しかも、チュンダーと同じ女性の神がいる。ヒンドゥー教の女神として、とくに人気を博したマヒシャースラマルディニーである。いわゆるドゥルガーであるが、ここでは本来の名称である「水牛の悪魔を殺す神」という意味のマヒシャースラマルディニーを用いる。『デーヴィーマーハートミヤ』の主役の女神のひとりである。

図3-14　マヒシャースラマルディニー
アンビカー寺院

この女神は、一般に水牛の悪魔を殺す姿で表されることが多く、その場合、敵を三叉戟で突き刺し、その首をはねるというダイナミックな姿をとる（図3-14）。そのため、穏やかな姿で蓮華の上に坐るチュンダーとは、まったく相容れないイメージとなる。しかし、マヒシャースラマルディニーが描かれるのはこの場面だけではない。『デーヴィーマハートミヤ』には主人公の女神が活動するさまざまなシーンが語られるが、そのひとつに誕生の場面がある。

もともと、マヒシャースラマルディニーは、悪魔（アスラ）の軍勢に破れた男性の神々が、自分たちの体から発せられるエネルギー（光を表すテージャスと呼ばれる）を集めて生み出された、いわば人工的（神工的？）な女神である。そのため、多臂をそなえた状態ではじめから生み出され、その一つひとつの手に、これらの男性の神々から持物が与えられる。その多くは武器であるが、神によっては、自分の最も重要なシンボルを与えることもある。その主要なものは以下の通りである（括弧内は神の名）。

戟（シヴァ）、円盤（クリシュナ）、ほら貝（ヴィシュヌ）、槍（アグニ）、弓と矢（ヴァーユ）、金剛杵（インドラ）、鈴（アイラーヴァタ）、杖（ヤマ）、羂索（ヴァルナ）、数珠（プラジャーパティ）、水瓶（ブラフマン）、剣と盾（カーラ）、斧（ヴィシュヴァカルマン）

これらを見ると、十八臂のチュンダーの持つ持物の多くに一致することがわかる。十八臂像にはなくても、十二臂像などの他の多臂のチュンダー像に見られた持物もある。

ところで、マヒシャースラマルディニーが誕生するシーンは、男性の神々が円陣を組んで、それぞれから発せられるエネルギーが円陣の中央に集まり、そこに女神が出現するという構図をとることが多い（図3‐15）。必然的に、女神は正面向きとなり、しかも多臂であるため、その腕は体の左右に扇のように広げられることになる。そして、手に持物が与えられ、いわば完成した状態で表されるときも、引き続き正面向きのままである。ちょうど、十八臂のチュンダーが正面向きに表されるのと同じである。

マヒシャースラマルディニーの臂数は、文献では明確にはされていないが、上記の持物をすべて持つためには、少なくとも十六臂以上は必要である。実際、マヒシャースラマルディニーの活躍を説く『デーヴィーマーハートミヤ』を描いた絵画作品には、物語のさまざまなシーンが表されたものもあるが、女神の誕生と武器などの授与の場面では、必ず十六臂やそれ以上の腕をもつ女神が正面向きに描かれる。その中には十八臂の例もあるし、むしろ神話に忠実な作品ほど十八臂をとる。ネパールに残る白描集で、マヒシャースラマルディニーのさまざまな姿を描いたスケッチブックのような作品があるが、その中には、水牛の悪魔を殺すおきまりの姿で描くときにも、女神は十八臂をそなえている（図3-16）。

本来、仏教の陀羅尼の女神であったチュンダーと、

図 3-15　マヒシャースラマルディニーの誕生
ネパール国立古文書館

図3-16　マヒシャースラマルディニー
ネパールの白描集

ヒンドゥー教の「恐ろしき女神」であるマヒシャースラマルディニーとは、性格も起源もまったく異なり、何の関係もないように思われる。その姿が似ているのも、偶然といってしまえばそれまでである。しかし、すでに最初にもふれたように、チュンダーという名称は、チャンディーやチャンディカーと、まったく同一ではないにしろ、よく似た発音をもつ。

そもそも、『デーヴィーマーハートミヤ』では主人公の女神を指す場合、ドゥルガーという名称はもちろん、マヒシャースラマルディニーという名称もテキストの中には現れず、女神一般を表す「デーヴィー」（Devī）という名を除けば、もっぱら、このチャンディーやチャンディカーという名が用いられた。そして、これらのヒンドゥー教の「恐ろしき女神」たちは、マートリカーとかマーターという女神たちのグループに属するが、これは「母」を意味する。チュンダーが「七倶胝仏母」、すなわちすべての仏たちの母であることと、このことは完全に一致しているのである。

第4章

鬼子母神

1　鬼子母神に願う

金沢市内、大勢の観光客でにぎわうひがし茶屋街は、卯辰山と呼ばれる小高い山のふもとにある。ここから卯辰山にむかって仏教寺院が点々と広がっている。卯辰山山麓寺院群である。ひがし茶屋街を抜けると観光客も少しまばらとなるが、そこに真成寺と呼ばれる日蓮宗の寺院がある。鬼子母神《きしもじん》をお祀りするお寺として、多くの信者が訪れる。

真成寺の本堂は横に長い構造をもち、中心は釈迦如来と多宝如来を本尊とする内陣であるが、その向かって左に鬼子母神堂がある（図4-1）。内陣が静謐にして荘厳な雰囲気をただよわせているのに対し、鬼子母神堂はさまざまな供物などがあふれて、その全体から何か異様なエネルギーが発散されているようである。

本尊の鬼子母神は、十羅刹女《じゅうらせつにょ》と呼ばれる十人の羅刹たちを従え、その中心に位置してるが、これらの像が置かれているのは、天井近い薄暗い壇上で、すぐにはその存在に気がつかない。手前には、大きく石榴《ざくろ》を描いた幕が掲げられているため、それも目隠しのようになっている。暗さに少し目が慣れると、鬼子母神像のもつ威圧感に思わず息を呑む。引きも切らずに信者が訪れる理由がよくわかる。人々がすがるにふさわしい霊感をそなえている。

その鬼子母神の前に置かれたさまざまなものの中で、ひときわ目につくのが、無数の子どもたちの写真である。赤ちゃんの写真もあれば、小学生、あるいは中学生くらいまでの年長者の写真もある。最近撮られたような真新しい写真もあるが、なかにはセピア色に変色した白黒写真もある。セピア色というだけではなく、そこに写っている子どもも、今では見ることができないような素朴な身なりと風貌である。そのまま元気に成長していたら、今はすでに老境にさしかかっている年代であろう。

図 4-1　真成寺鬼子母神堂

その中で、子どもの姿ではなく、黒い背景に無数の白い斑点や白い模様が広がっている紙片があった。何かと思えば、妊娠中の女性の胎内を撮影したエコー写真である。検診の時に産科の医師から渡されたものであろう。白い模様のように見えたのは、胎児の姿であった。子どもの写真であるということにはかわりはない。

これらはいずれも、鬼子母神にお参りに来た人たちが納めていった写真である。そこに写っている子どもたちの健康や幸福を願って納めたのである。もちろん、健康に育った子どもたちもたくさんいたであろうが、そもそも、鬼子母神にお参りに来るということは、そのかなりは何か特別な事情があったからであろう。重い病気にかかった子どもや、何らかの事情で親と離れて暮らす子どももいたかもしれない。こちらを見つめる子どもたちのまなざしの背後から、さまざまな親の思いが伝わってくるようである。一枚一枚の写真には、それぞれの子どもとその家族のドラマがある。エコー写真を納めた母親は、検診の際に何か異常が見つかったのであろうか。

写真を納めるのは、単に鬼子母神にすがってその救いにあずかるためではない。その子を鬼子母神の子どもにしていただくことを願ったのだという。かわいい我が子の親に、自分に代わって、あの恐ろしい鬼子母神になっていただくのである。よほど切実な思いがなければそのような願いは出てこないはずである。

真成寺の鬼子母神に供えられているものの中で、もうひとつ目につくのは、大量のひしゃくである。そのいずれにも、不思議なことに底がない。いくつものひしゃくが束ねられて、山積みにされたり、つり下げられている。

ご住職からうかがったお話によると、これらのひしゃくは子どもを望まない人たちが納めたものらしい。かつて避妊が適切に行えなかった時代に、これ以上、子どもが生まれるのはかなわない夫婦が、それを鬼子母神に祈った際にお供えしたという。底がないことの意味がこれでわかる。遊郭の女性が望まない妊娠を恐れて納めたひしゃくもあるとのことである。かつての茶屋街には遊郭もあった。そこで働く女性たちにとって、子どもができることは最も恐れたことである。命がけの願掛けであったであろう。その願いを聞き届けるのも鬼子母神であった。

2　鬼子母神の物語

さまざまな伝承

鬼子母神（図4－2）はサンスクリット語ではハーリーティー（Hārītī）で、音写して訶利底母あるいは訶梨帝母とも訳される。歓喜母という訳語もある。ハーリーティーという名称は、「連れ去る」を表す動詞フリ（hṛ）からの派生語として解釈され、鬼子母神の悪行に一般には結びつけられるが、「心を奪うもの」すなわち絶世の美女を表すという理解も可能で、歓喜母はそれにしたがった訳である。緑を表すハリタ（harita）とも関連があるとされ、その場合は豊饒神や植物神の性格が読み取れる。

図4–2　鬼子母神像　六角堂能満院、『仏教図像聚成』（法蔵館）より

鬼子母神に関する研究は充実している（宮崎　一九八五など）。おそらく仏教の女神の中で最も研究の蓄積のあるのが鬼子母神であろう。鬼子母神の研究がさかんであ

ったのは、人口に膾炙されたその物語の魅力によるところが大きい。

鬼子母神は人間の子どもをさらって食べ、人々を恐怖に陥れていたが、人々の窮状を見た釈迦が、最愛の末子プリヤンカラ（ピヤンカラ、あるいはピンガラともいう）を自分の鉢の中に隠してしまい、その姿を見失った鬼子母神が半狂乱になって探し求めたあげく、釈迦のところにたどり着く。五百とも一万ともいわれる子供をもつ鬼子母神に対して、釈迦は「その中のわずかひとりを失うだけでも、汝はこれだけの悲嘆にくれている。ひとりかせいぜい数人の子どもしかいない人間の親が、その子を失ってどれだけ悲しみを味わうかわかったであろう」と教え諭した。改心した鬼子母神は仏法に帰依し、仏教の守護する神になったという。

この物語はさまざまな経典の中に登場する。たとえば『雑宝蔵経《ぞうほうぞうきょう》』第九はその代表である（大正蔵四巻、四九二頁上）。他にも『仏本行集経《ふつほんぎょうじっきょう》』巻第四（大正蔵四巻、八二頁下〜八三頁上）や『摩訶摩耶経《まかまやきょう》』（大正蔵一二巻、一〇〇六頁下〜一〇〇七頁上）に、簡潔なあらすじが紹介されている。それだけ人々によく知られた物語であったのであろう。

鬼子母神の物語の先駆的な文献として、ジャータカの中の複数の物語があげられることがある（宮坂　一九八一）。いずれにも、生まれた子どもを食べる女夜叉《おんなやしゃ》が登場する。ただし、物語の枠組みは鬼子母神説話とかなり異なり、直接、影響を与えたと見なすのはむずかしい。

鬼子母神の物語の中で、最も長いヴァージョンは『根本説一切有部毘奈耶雑事《こんぽんせついっさいうぶびなやぞうじ》』巻三一（以下、『雑事』）に含まれる。この経典は、名称にあるように根本説一切有部が伝える律文献で、これまでの章でも、同じ部派の『薬事』を取りあげてきた。女神信仰、とくに陀羅尼と結びついた女神が、この部派の文献に集中的に登場するのは興味深い。仏教の女神信仰は、インドで広く見られた現象というよりも、特定の部派によって推し進められた特殊な信仰形態のような様相を示している。

根本説一切有部のこれらの律文献は、中国からインドにやってきた求法僧《ぐほう》のひとり義浄によって翻訳されている。その義浄による旅行記『南海帰寄内法伝《なんかいききないほうでん》』(大正蔵五四巻、二〇九頁中)には、僧院の食堂《じきどう》に鬼子母神を祀り、毎日、食事の前に比丘たちが食べ物をそなえていたという記述が現れる。インドにおける鬼子母神の具体的な礼拝法として、よく知られているが、このような作法は『雑事』の中でも釈迦によって指示されており、実際の儀式に添って鬼子母神説話が組み立て直されていることを示唆している。

悪行に至るまで

さて、その『雑事』が説く鬼子母神の物語であるが、始まりは鬼子母神の親の世代にまでさかのぼる。マガダ国の王舎城に娑多《しゃた》(Sātā)という薬叉《やくしゃ》(夜叉に同じ)がいた。王をはじめ、一般の人々に至るまで、国全体を守護したため、国中は安泰で、富み栄えていた。一方、北方のガンダーラにおいても、半遮羅《はんしゃら》(Pañcāla)という薬叉がいて、同じように国家を護持したため、繁栄を極めていた。

あるとき、この二人の薬叉が出会い、親交を深めた。それぞれの国に戻った後もその親交は続き、お互いに特産の果実を贈りあい、賞味したというほほえましいエピソードも添えられている。そして、ともに子どもが生まれたならば、夫婦にしようという約束を交わした。

時を経て、娑多のところに女の子が、半遮羅のところに男の子が生まれた。女の子の方は、すべての薬叉たちがその誕生を喜んだので「歓喜《かんぎ》」と名付けられ、一方の男の方は、父親の名にちなんで「半支迦《はんしか》」(Pañcika)と名付けられた。

さらに娑多のところには男子が生まれた。歓喜の弟にあたるこの男子には「娑多山」(Sātāgiri か?)と名付けられ、長じて後、薬叉の国の首領の座を父親から譲る受けることになる。

さて、年頃になった歓喜は、「ある宿願がおよぼす力」によって、王舎城の人々を貪り喰いたいと願うようになった。それを知った弟の娑多山は、姉のとんでもない願いをなんとか捨てさせようと努力するがかなわず、折しも、かつて父親の交わした約束があったことを思い出し、それを実行すべく、半支迦のところに嫁がせてしまった。結婚すれば、おかしな考えを捨てるかもしれないし、少なくとも、遠くに追い払うことはできると考えたのであろうか。

半支迦と結婚した歓喜は、かねてからの王舎城の人々を貪り喰いたいという宿願を夫に伝えるが、夫にいさめられ、しばしの間、我慢して、そのあいだに五百人の子をもうける。そして、その一番下の子には「愛児」(プリヤンカラ)という名を与えて、ことのほかかわいがった。

五百人という子を産んだ勢い(?)に乗じて、歓喜はそれまで抑え込んでいた欲求をふたたび口にし、それをいさめた半支迦のことばにも耳をかさず、ついに実行に移してしまう。王舎城へと向かい、城中の男女を貪り喰い、人々がどんなにそこから逃れようとしてもかなわず、ついには妊娠中の女性さえも喰うという有様であった。

驚いた王は、「これは薬叉の仕業であるので、とてもかなわない。すぐに、すぐれた食べ物を準備して、祭祀を実行せよ」と命じる。しかし、それでも歓喜の残虐な行為はおさまらず、ついには「何が『歓喜』なものか。あれは『訶利底薬叉女《かりていやしゃにょ》』だ」といわれるようになった（これ以降、経典作者もこの名で呼ぶ）。そして、この薬叉を調伏《ちょうぶく》してもらうよう世尊に懇願した。

世尊すなわち釈迦は、この請願を受け、自ら鉢を持ってマガダの城内に入った。城内を巡り、ついに訶利底薬叉の家にたどり着いた。ちょうど、あるじの訶利底薬叉は留守で、ひとり、末子の愛児が家の中で留守番をしていた。そこでただちに世尊は自らの鉢で愛児を覆い隠し、如来の威力によって、兄たちにその姿が見えなくなるようにした。逆に、弟の愛児の方からは兄たちは見えるという手の込んだ仕掛けになっている。真っ暗な鉢の中に閉じ込められたら、小さな子はおびえたであろうが、そうならないよう周到な作戦である。

悲しむ母

さて、自分の住居に戻った訶利底薬叉は、最愛の末子の姿が見えないので、大いに驚き探し回る。その様子を、経典作者はきわめて念入りに描写する。

まわりにいたはずの他の子たちに聞いても、誰ひとり、その姿を見ていないという。母親は自分の腕を叩きながら、悲しみに泣きくれ、口の中は乾ききり、精神は迷乱して、心がきりきり痛んで、王舎城内のあらゆるところを愛児の姿を求めて探し回る。それでも見つからず、痛切の度はさらに増し、頓狂し、衣装を脱ぎ捨て、大声で叫ぶ。「愛児よ、どこにいるのか」と。

城外に出て村々をまわり、さまざまな集落を探しても見つからず、ついに四方の大海に至るもかなわない。髪を振り乱し、裸の姿をあらわにし、地面に倒れ込んで、肘と膝で這うようにして進んで、ついにはうずくまって坐り込んでしまう。それでも、少しずつ進み、閻浮州《えんぶしゅう》すなわち大陸の果てまで行き、そこからさらに、海の彼方にある七重の山々や別の大陸に到達し、そして十六地獄にまで下っていくも空しく、つぎに、妙高山、すなわち須弥山へと至って、順にそこを昇っていく。中腹にある多聞天の宮殿を通過して、ついに山頂の三十三天の宮殿へと到達するが、無論、ここにも愛児の姿はない。それどころか、宮殿の最奥にある帝釈天の殊勝殿に入ろうとしたら、警備をしていた金剛大神によって、山頂から蹴り落とされてしまい、中腹の多聞天宮にある大きな岩に打ちつけられてしまう。

無差別に人々の殺戮をくりかえした訶利底薬叉には、自業自得、当然の報いかもしれないが、その描写はきわめてリアルで、真に迫るものがある。自らの腕を叩き、口の中は乾き、大声で泣きわめき、服も脱ぎ捨て、ついには立っていられなくなって地に伏し、はいずるように進む。子を失った母親が示す悲嘆のありさま以外の何ものでもない。経典の作者が最も力を注いで描こうとした箇所ではないか。釈迦も罪なことをしたものである。

物語の終結と因縁

多聞天宮に落とされてしまい、その大石の上で慟哭している訶利底薬叉に対して、多聞天は「姉妹よ、悲しむのはやめて、自分の家をよく見なさい。そこに誰がいるのか」と語りかける。訶利底薬叉がそれを聞いて、いわれたままに見てみると、世尊がいることに気がつく。多聞天は訶利底薬叉に対して、世尊ならおまえの愛児を見せてくれるかもしれないと教えてくれる。

ここから後は、通常の鬼子母神説話と同様で、世尊にまみえた訶利底薬叉に対して、世尊が「五百人の子がいても、ひとりの子を失うだけでこのありさまだ。人間の親の悲しみを知れ」とおきまりのフレーズで教え諭し、それを聞いた訶利底薬叉が受戒し、三帰依と五学処を受けることになる。これで物語は一件落着となるが、『雑事』の作者は他の文献には見られないふたつのエピソードをこれに加えている。

ひとつは、すでに述べた鬼子母神供養の起源譚である。いったい、この先、何を私や私の子どもたちは食べていけばいいのか、という訶利底薬叉の質問に対して、世尊は、閻浮州のすべての私の声聞や弟子たちが、食事に際して食べ物をおまえたちに提供してくれると安心させる。しかし、それに加えて、これ以降、もろもろの伽藍や僧の住居を、汝はつねに擁護すべし、と命じる。交換条件を持ち出して、あっさりそれを訶利底薬叉に認めさせ、さらにはもろもろの薬叉たちもまた歓喜して、それにいそしむことになる。いちばん得をしたのが釈迦とその教団ということになるかもしれない。

もうひとつのエピソードは、訶利底こと歓喜が、なにゆえ、人々を貪り喰うようになったかという比丘たちの疑問に釈迦が答えたところである。

それによると、この歓喜の前世は牛飼いの妻であった。ちょうどこの妻が妊娠中に、歌舞音曲を楽しむ五百人の人々が祭りにやってきた。彼らの誘いに乗じて、牛飼いの妻も舞踊を楽しみ、歓喜に酔いしれたところ、疲れ果てて地に倒れて、お腹の子を流産してしまう。

牛飼いの妻は酪漿（ヨーグルトやバターの類）を売って五百のマンゴーの実に変え、それを、当時、ただひとり、この世にいた独覚に布施し、その功徳によって、宿願を果たそうとした（釈迦はまだ生まれていない）。その宿願こそ、薬叉女として生まれ変わり、五百人の子をもうけて、さらには、人の精気を吸うために城内の男女を喰らうというものであった。こうして、訶利底薬叉が訳もなく人々を殺戮し、貪り喰ったわけではなく、過去世からの宿願であり、それが実現してしまったことが、最後に解き明かされるのである。

3　薬叉と造形作品

薬叉という出自

シンプルな鬼子母神説話が『雑事』では大幅に増広されているのは明らかであるが、その目的は何だったのか。もともとの説話の登場人物は、鬼子母神と愛児をはじめとする母子、そして釈迦だけであったのに対し、『雑事』ではそれが一気に増える。そして、増えた者たちのほとんどは薬叉であった。鬼子母神の父親の娑多、弟の娑多山、夫の半支迦、舅の半遮羅などである。それぞれがそれ相応の役割を演じているが、どれも物語の本筋に関わることはない。実際、出番が終われば、その後は一切、登場しない。いなければいないで話は成り立つような存在である。

その中で最も重要なのは、鬼子母神の夫である半支迦であろう。物語の中では鬼子母神である歓喜と結婚し、五百人の子をもうけ、さらに鬼子母神の宿願の実行をなんとか思いとどまらせようとする。これらの役割は別にこの薬叉が果たさなくても、物語は成り立つのであるが、あえて登場させたことに意味があるのであろう。それは、鬼子母神が夫をもつという信仰が存在したからである。そして、その夫の名前が半支迦だったのである。

『雑事』の作者が半支迦の出身地としてあげたガンダーラ地方は、インドにおける仏教美術の流行した地域のひとつとしてとりわけ有名である。現在はインドではなくパキスタンからアフガニスタンにかけての地域になるが、広い意味ではインド世界の一部である。仏像誕生の地として知られ、ヘレニズムや西アジアの美術様式の影響を色濃く示す作品で知られている。仏教文化がインドからシルクロードを経て中国へと伝わるときの、重要な地域としても位置づけ

図 4-3　鬼子母神像　大英博物館

られている。

このガンダーラ地方から、鬼子母神に比定される作品がいくつも出土している（田辺 二〇一一）。鬼子母神は子どもを抱き、足もとにも何人かの子どもがまとわりついている（図4-3）。鬼子母神の単独例もあるが、夫を伴う場合もあり、その夫がパーンチカ（半支迦）と呼ばれるのである。パーンチカは槍を手にした勇壮な姿をしていることが多い。

鬼子母神とパーンチカの組み合わせは、インド内部にも伝播したことが知られ、とくにアジャンタ第二窟の本堂右手の祠堂にある作品はよく知られている。二人は薬叉の王とその妻にふさわしい風格を備え、台座に坐る鬼子母神の膝の上には子どもがひとり抱かれ、さらに台座の手前には子どもたちが戯れる様子が表されている。

ガンダーラの鬼子母神像は子どもを抱くとともに、もう一方の手に果実を持つことがある。一般に鬼子母神が持つ果実は石榴といわれ、日本の鬼子母神像には必ず石榴が登場する。しかし、インド内部やガンダーラの作例で、明確に石榴を持つ作品は確認されていない。ぶどうやその他の果実、あるいは「豊饒の角」(コルヌコピア)と呼ばれる穀物と果実を束ねたような独特の持物を持つ。日本の鬼子母神が石榴を持つようになったのは、中央アジアの西トルキスタンあたりの豊饒の女神の影響を受けた可能性が指摘されている(田辺　一九九九)。

鬼子母神と半支迦の父親たちが互いに果実を贈りあって賞味したことが、『雑事』ではわざわざ述べられていた。お中元やお歳暮のような風習であるが、もちろんインドにはそのような習慣はない。鬼子母神羅の薬叉にとって、果実が重要な存在であることを印象づけたかったのであろう。

鬼子母神が宿願を果たすために、独覚に五百のマンゴーを布施したことも同様である。これは五百という子どもの数に根拠を与えるためであろうが、それをわざわざ果実にしたところがポイントであろう。インドにおいて最も一般的な果実のひとつがマンゴーである。

日本の鬼子母神が持つ石榴については次節でもとりあげるが、ここでは鬼子母神がひろく果物を持つことと、『雑事』においてかなり意図的に果物を登場させていることを指摘しておく。

鬼子母神が愛児を求めてさまよい、最後にたどり着いたのが多聞天の宮殿であったことも、薬叉との関連で興味深い。多聞天は毘沙門天とも同一視される薬叉の王である。鬼子母神に救いの手をさしのべるのも当然で、多聞天が鬼子母神に「姉妹よ」と呼びかけるのもそのためである。そして、鬼子母神の夫であるパーンチカも、多聞天もしくは毘沙門天と同一視される。

この夫婦は現世利益の神々として信仰され、夫は財宝、妻は子授けや子育てに霊験あらたかであった。

ガンダーラのパーンチカと鬼子母神は、西アジアで流行したファッローとアルドクショーという男女の神に起源をもつといわれている。これについては、フーシェやクーマラスヴァーミンらによる研究がはやくからあり、わが国でも田辺勝美が取りあげている。ガンダーラ美術が西方の文化と接触をもった事例としてよく知られている。

物語を生み出すイメージ

『雑事』に含まれる鬼子母神の物語は、説話と造形作品についての関係を考察する上で、重要な意味をもつ。

一般に、説話の図像は、物語の内容に即して図像が作り出されたと考えられている。インドの仏伝図やジャータカ図も、その内容を伝えるテキストができてはじめて現れた。たとえば、涅槃図は、釈迦の涅槃を伝える物語がなければ、そもそも成り立たない。その場合のテキストとは、文字に記された文献だけではなく、口承伝承の段階であったかもしれないが、少なくともことばによって伝えられた内容である。

しかし、鬼子母神についての『雑部』の内容は、既存の鬼子母神やその夫であるパーンチカの図像を前提としている可能性が高い。イコンとして具体的なイメージがあったからこそ、それを説明するような物語が必要とされたのである。そのため、物語を構成するさまざまなエピソードは、一応、結びつけられてはいるが、必然性は乏しく、時として矛盾するような内容さえ現れる。たとえば、改心した鬼子母神が自分と子どもたちの食事を釈迦に訴えるくだりなどはその典型である。

たしかに鬼子母神には五百人ともいわれる子どもたちがいるので、その毎日の食事はたいへんであろう。人間を食べることをやめた鬼子母神が釈迦に困窮を訴えた気持ちもわからないではない。しかし、これは考えてみればおかしな話である。別に鬼子母神が人間を食べるからといって、子どもたちのお腹がふくれるわけではない。子どもたちの主食が人間であるともいっていない。そもそも、鬼子母神の宿願は、自らが城内の男女を食べることであり、それを子どもたちに食べさせることではない。仏法に帰依したついでに、子どもと自分の毎日の食事まで、鬼子母神は保証してもらえたことになる。

『雑事』では、このやりとりがあったから、伽藍の食堂で鬼子母神やその子どもたちに毎食、食べ物を供えるようになったとあるが、逆であろう。もともと、そのような習慣があったから、それを裏付ける物語が創作されたのである。図像が物語を生み出したのであって、物語から図像が生み出されたのではない。これは一般の説話図の成立とは反対の流れである。

4　鬼子母神の姿とその意味

密教文献に説かれる鬼子母神

密教の儀軌類にも鬼子母神を説く文献がある。その代表は『大薬叉女歓喜母併愛子成就法』（大正蔵二一巻、一二六〇番）である。

世尊が王舎城竹林精舎で法を説いたとき、歓喜という大薬叉女が五千人の眷属を引き連れて、世尊のところにやってきた。「容貌端厳」すなわち端麗にして荘厳な風貌をもつとされる。娑多大薬叉の娘で、半支迦大薬叉の妻であると述べられ、『雑事』の記述に従っていることがわかる。鬼子母神が歓喜と呼ばれていることも同様で、実際、鬼子母神についての説話的な内容は一切登場しないが、『雑事』の内容はすでに周知のこととして、すでにこの薬叉女が仏法に帰依していることを前提としている。

この儀軌には、歓喜母こと鬼子母神の以下のような尊容が説明されている。これまで取りあげた女尊たちと同様、それは実際の儀礼で用いられるイコンとしての像である。

天女の姿をしていて、きわめて美しい。身体の色は白紅色で、天繒《てんね》、宝衣、頭冠、耳璫などで飾られ、白いほら貝を釧とする。さまざまな瓔珞でその身を荘厳する。宝の台座の上に、右足を下げて腰掛ける。台座の両側と両膝のかたわらには、それぞれ二人ずつの子どもがいる。

鬼子母神は左手で懐の中で子どもをひとり抱く。その子の名前は氷掲羅《ひょうがら》（ピンガラ）といい、とても端正な姿をしている。右手は胸の近くで吉祥果を掌に載せる。左右には侍女や眷属を描く。

これに続いて、具体的な供養法が儀礼の目的ごとに説明されている。その内容はさまざまであるが、女人の敬愛を得たい者、夫婦が不和な者、女人と結婚することがむずかしい者、鬼魅病に患わされる者、病を治したい者、人間関係がうまくいかない者、難産の者などを対象とする修法があげられている。男女の仲や病気、出産などにかかわる儀礼がとくに目立つ。密教の修法の種類としては、敬愛法と呼ばれるジャンルに相当する。

漢訳の密教儀軌には、この他に、鬼子母神の真言を中心に説く『訶梨帝母真言法』（大正蔵二一巻、一二六一番）や、鬼子母神説話の内容を少し変えて短くまとめた『仏説鬼子母経』（大正蔵二一巻、一二六二番）、さらに鬼子母神の末子である愛児を主役とする『氷掲羅童子経』（大正蔵二一巻、一二六三番）がある。このうち、『訶梨帝母真言法』には、鬼子母神の尊容の記述が見られるが、その内容は『大薬叉女歓喜母併愛子成就法』と大差ない。

石榴を持つ女神

鬼子母神の持物のうち、左手に抱く子どもは、いかにも鬼子母神の説話にふさわしい。文献でも鬼子母神の最愛の末子とされる。しかし、これはおそらく後付けの解釈であろう。子ども

図 4-4　子どもを伴う七母神［部分］　エローラ第 15 窟

を抱く女神像は鬼子母神以外にも広く見られ、とくに豊饒や多産を司る女神に一般的なアトリビュートである。インドでも母神（mātṛkā）と呼ばれるヒンドゥー教の女神たちが子どもを伴って表されるが、その表現方法は鬼子母神像ときわめて近い（図4-4）。

　これよりも、鬼子母神の図像の特徴でより注目すべきは右手に持った果実であろう。一般には鬼子母神は石榴を持つといわれるが、漢訳経典では吉祥果と記されているだけで、石榴という名称は現れない。ガンダーラを含む南アジアでは、石榴は持たずに、ぶどうの房や「豊饒の角」を持っていたことについては、すでに田辺の研究（一九九九）とともに紹介した。そこでは、石榴が鬼子母神の持物になったのは唐代の中国においてであり、とくに西トルキスタンのソグディアナの女神像が影響を与えた可能性も指摘されている。その正否について判断するだけの知識を筆者は持ち合わせていないが、少なくとも、その後の中国や日本の伝統では、吉祥果を石榴と解釈して、実際の作品に表現した。

そもそも、なぜ石榴なのであろうか。ガンダーラから西に広がるヘレニズム世界では、石榴は豊饒や生殖と関連をもつ女神のシンボルやアトリビュートとして広く知られた植物である。それは、おそらくその形状によるところも大きいであろう。熟すると果皮が裂けて、その中から赤い粒状の種が姿を現す。それは女性の性器や胎内のイメージに結びつく。そして、その種子を口にすると、真っ赤な果汁がしたたり落ちるが、これは血を連想させる。

石榴と結びついた女神の中で最も有名なのは、ギリシア神話に登場する女神ペルセポネーであろう。太陽神ゼウスと大地の女神デメーテールとの間にできた娘ペルセポネーは、彼女を我がものにしようとした冥界の王ハーデースによって、冥界に連れ去れてしまう。母親のデメーテールはこのことに怒り、オリンポスから去ったため、この地は実りをもたらすことをやめてしまう。大地の女神なのであるからしかたがない。困ったゼウスはヘルメスを冥界に遣わして、ペルセポネーを地上に戻すことに成功するが、そのとき、ペルセポネーは空腹のあまり、冥界の食物である石榴を食べてしまう。十二粒のうちの四粒、あるいは六粒だけを口にしたといわれる。

地上に戻り、母親のデメーテールに再会するも、ペルセポネーから冥界の果実である石榴を口にしてしまったことを知ったデメーテールは、ペルセポネーが冥界の住人になってしまったことを認めざるを得ず、その結果、ペルセポネーは、石榴の数に従い、一年のうちの四カ月、あるいは六カ月は冥界で暮らすこととなった。

図 4-5　石榴の聖母子　ウフィツィ美術館

これはギリシア神話の中でも名高い物語のひとつで、四季の誕生や農耕の起源を表すと考えられている。石榴が植物の死と再生を象徴し、石榴と結びついた女神がそれを司っているのである。神話の中ではむしろ石榴そのものが女神をも支配していることになっている。

石榴が死と再生を象徴することは、キリスト教の美術にも受け継がれている。イエス＝キリストとその母マリアを描いた聖母子像である。たとえば、「ヴィーナスの誕生」や「プリマヴェーラ（春）」で名高いボッティチェリに、石榴を持つ聖母子を描いた作品が複数ある（図4－5）。マリアが石榴を手にすることもあれば、幼子のイエスとともに持つこともあるが、いずれも母子の重要なアトリビュートとなっている。

キリスト教の図像学では、この石榴はキリストの受難、すなわち、ゴルゴダの丘での磔刑を象徴する。真っ赤に熟れて果皮の裂けた石榴は、まさにイエス＝キリストが受けた苦しみのイメージそのものである。しかし、それをマリアが持つことがむしろ重要であろう。イエスの受難は、それに続く復活と昇天をも連想させる。石榴のもつ死と再生のイメージがあるからこそ、受難のシンボルとして、ここに登場したと見るべきであろう。母マリアはキリストの誕生をふたたびこの世にもたらすのである。

ボッティチェリの聖母子像には、石榴のかわりにぶどうと小麦が描かれた作品もある。ここでも、キリスト教の図像学では、ぶどうはぶどう酒に、小麦はパンと結びつき、いわゆる「最後の晩餐」におけるキリストの有名なことば、「このぶどう酒は私の血、このパンは私の体」を表すと解釈される。さらにこれは、キリスト教の信者にとって最も重要な儀式「聖体拝領」にもつながっていくが、このふたつの植物、すなわちぶどうと小麦も、豊饒の女神がしばしば手にしていた植物であった。ガンダーラの鬼子母神（あるいはアルドクショー）もそのひとりである。

5　日本の鬼子母神

童子経曼荼羅

日本の鬼子母神の作例は、『大薬叉女歓喜母併愛子成就法』にもとづく（図4-6）。有名な醍醐寺の訶梨帝母画像や園城寺の彫刻作品などがよく知られている。いずれも儀軌どおりの姿で表されている。ただし、文献では「天女の姿に作り、たいへん麗しくせよ」（作天女形極令珠

図 4-6　訶梨帝母　大正蔵図像部第七巻

麗）とあるのに対し、日本の鬼子母神像は、麗しい天女というよりも、慈愛に満ちた母のイメージである。左手に抱く子を右手に持った石榴であやすようなしぐさで、いとおしさが前面に出ている。足もとで戯れるあどけない童子も、この女尊が母であることをより強く意識させる。鬼子母神が身に付けている衣装が、中国の貴族の女性の服装である襤襠衣であることも、うら若き天女というよりも、落ち着いた成人の女性の魅力をかもし出している（森　二〇一二）。夫である半支迦とともに表されることがほとんどないことも、母と子、とくに男の子との結びつきの強さを印象づける。母と童子の間に、父は不要なのである。

鬼子母神の作例には、このような単独の作品もあるが、別の主題に登場人物のひとりとして現れることも多い。主なものとして、童子経曼荼羅（図4-7）と『法華経』に関連する作品がある。このうち、童子経曼荼羅は「童子経法」という子どもの出生や健やかな成長、とくに病気退散のための修法の本尊として用いられた。中央に大きく栴檀乾闥婆王を描き、その周囲に一五の小児が配される。小児は嬰児の姿をとる。それぞれの小児の近くには、子どもに病気をもたらすとされる一五の鬼神《きじん》も描かれる。「童子経法」はこれらの鬼神を退散させる修法なのである。

図4-7　童子経曼荼羅　六角堂能満院、『仏教図像聚成』（法蔵館）より

童子経曼荼羅の典拠は『護諸童子陀羅尼経』（大正蔵一九巻、一〇二八番）で、それによると、子どもに病気をもたらす一五の鬼神たちは、特定の動物などの姿をとることになっている。童子経曼荼羅に描かれているのは、これらの鬼神たちと、それを見ておびえたり、逃げようとしている赤ん坊たちなのである。動物と遊ぶあどけない子どもたちなどと思ってはいけない。鬼神が姿を借りる動物などは、牛、獅子、鳩魔羅天《くまらてん》、野狐《やこ》、獼猴《みこう》、羅刹女《らせつにょ》、馬、婦女、狗、猪、猫児《ねこ》、鳥、雉、獯狐《くんこ》、蛇である。

この中に混じって、赤ん坊を抱く女性が現れる。これが鬼子母神である。ひとりの場合とふたりの場合があるが、いずれも鬼子母神と考えられている。動物の中には婦女の姿をしたものもいるが、その場合、赤ん坊は抱かずに、他の動物たちと同様に、子どもの前に立ったり、坐ったりしている。

ところが、童子経曼荼羅の典拠である『護諸童子陀羅尼経』には、鬼子母神への言及がない。文献の裏付けがないにもかかわらず、鬼子母神が童子経曼荼羅に描かれる理由は何であろうか。

鬼子母神と鬼神たち

童子経曼荼羅は安産や子安のための修法のために用いられたが、鬼子母神も同じ目的で信仰された。むしろ、その方面の仏としては、童子経曼荼羅よりもはるかに長い歴史をもち、人々のあいだにも浸透していた。そして、童子経法とともに、鬼子母神を主尊とする修法、訶梨帝母供も行われたことがわかっている。同じ目的の儀礼をふたつ重ねることによって、より効果を高めたかったのである。

それとともに、童子経に現れる一五の鬼神が、鬼子母神の子どもたちであるという解釈も広く知られていたらしい（小林　一九四三）。鬼子母神の五百とも一万ともいう子どもたちは、飢えて人を喰らうので、それをなだめるために食事を供える。『雑事』などのインドの文献には、鬼子母神の子どもたちが人間の子どもを食べるという記述はなかったが、食事のたびに鬼子母神とその子どもたちに食べ物を供えるという風習から、逆に導かれた解釈であろう。子どもを食べる存在から、子どもに病をもたらし、死に至らしめる悪鬼となったのである。

しかし、実際の鬼子母神の絵や彫刻では、インドでも日本でも、鬼子母神は赤ん坊や子どもを伴って描かれ、けっしてそれに危害を加えたり、ましてや食べるような姿はしてこなかった。童子経曼荼羅では、動物たちよりも、それにおびえる赤ん坊の方が、鬼子母神の子どもたちの姿に近い。その子どもたちが多数登場する曼荼羅に、鬼子母神そのものが加えられるのは、むしろ自然な発想である。しかも、鬼神の中には婦女の姿をとるものもいた。子どもを抱いてはいないが、この婦女の姿は、同じ童子経曼荼羅に描かれている子どもを抱いた鬼子母神とそっくりなのである。

一五の鬼神たちは動物などの姿をとるが、一人ひとり固有の名称をもつ。そのほとんどは、サンスクリット語もしくはそれに類するインドの土着語を音写した名称である。弥酬迦《みしゅうか》、弥迦《みか》王《おう》、阿波悉魔羅《あわしまら》などである。その一部は『仏説金輪仏頂大威徳熾盛光如来陀羅尼経《きんりんぶっちょうだいいとくしじょうこうにょらい》』などの他の文献にも含まれることから、けっして『護諸童子陀羅尼経』の作者が適当に作ったものではない（小林　一九四三）。これらの鬼神たちの最後に現れるのが「藍婆《らんば》」である。おそらく、その原語は「ランバー」（Lambā）で、ヒンドゥー教の天女すなわちアプラサラスのひとりとしてよく知られている。ランバーの名は、次に取りあげる十羅刹女の筆頭の名称でもある。さらに、藍婆ではないが、鬼神の中のひとりは羅刹女の姿をとる。これらの羅刹女を介しても、鬼子母神は童子経曼荼羅と関わりをもつのである。

『法華経』の鬼子母神

その十羅刹女とともに表される鬼子母神こそが、日本の鬼子母神像としておそらく最多である。本章のはじめに取りあげた真成寺の彫像もそうであるし、単独で祀られている鬼子母神であっても、十羅刹女を省略した形式であることもある。

鬼子母神と十羅刹女を説くのは、著名な大乗経典である『法華経』である。その第二一章の「陀羅尼品」（羅什による漢訳では第二六）に登場する。陀羅尼品は、世尊によって説かれた「正しい教えの白蓮」を護持するほとけたちが次々に現れ、彼らが『法華経』の信奉者たちを守護する陀羅尼を説くという内容である。登場するのは薬王菩薩、勇施菩薩、毘沙門天、増長天、そして十羅刹女と鬼子母神である。

陀羅尼品は『法華経』のほとんど末尾に位置するところからもわかるように、全体でも遅れて成立した部分になる。その少し後には、観音菩薩の功徳を説いた「普門品」もあり、いずれも現世利益あるいは呪術的な性格を強くもつ。当時台頭してきた陀羅尼信仰を取り込むことで、『法華経』の信者の裾野が拡大されたのであろう。あるいは、陀羅尼を抜きにしては、すでに経典としての体裁が不十分と見なされるようになったのかもしれない。

十羅刹女の名称は以下の通りである（括弧内は羅什訳）。

ランバー（藍婆）、ヴィランバー（毘藍婆）、クータダンティー（曲歯）、プシュパダンティー（華歯）、マクタダンティー（黒歯）、ケーシニー（多髪）、アチャラー（無厭足）、マーラーダーリニー（持瓔珞）、クンティー（皇諦）、サルヴァサットヴァ・オージョーハーリー（奪一切衆生精気）

すでに述べたように、ランバーが十羅刹女の筆頭にあげられている。また、ひとりめのランバーとふたりめのヴィランバーは、ともに毘沙門天の眷属としても信仰されていた。陀羅尼品には毘沙門天も登場したが、富や財宝、豊饒の神である毘沙門天が、鬼子母神や十羅刹女とともに登場するのも無関係とは思えない。

普賢十羅刹女

鬼子母神と十羅刹女が描かれる絵画作品にはいくつもの種類があるが、大きく分けて、普賢菩薩ともに描いた「普賢十羅刹女」（図4-8）の形式と、日蓮宗において制作されたさまざまな曼荼羅に分かれるであろう。

前者の普賢十羅刹女像については、平安時代の法華経信仰の中で成立したことが特徴である。とくに、『法華経』が女人成仏を説くことから、鬼子母神や羅刹女に自らの姿を仮託する皇族や貴族の女性たちの存在が指摘されている。『法華経』の「陀羅尼品」のみで描かれたのではなく、第二六章の「勧発品」も典拠となる。そこに説かれる普賢菩薩と、「陀羅尼品」に登場

図4-8　普賢十羅刹女　奈良国立博物館

する仏たちを組み合わせたのが普賢十羅刹女像である。経典では「陀羅尼品」の仏たちのあいだに軽重はないが、人数的に十羅刹女が多数を占めることもあり、普賢が十羅刹女を従え、そのまわりを二菩薩と二天が固めているように見える。鬼子母神は十羅刹女の先頭に立ち、女性たちの中でも最も目立つ場所にいる。なお、十羅刹女の特徴は「陀羅尼品」には含まれないため、『法華十羅刹法』（大正蔵二一巻、一二九二番）にもとづいて描かれる。

普賢十羅刹女に描かれる鬼子母神は、石榴は持たず、両手で赤ん坊を抱いただけの姿である（図4-9）。十羅刹女たちは、それぞれ固有の武器を手にしているが、その姿はあでやかな若い女性で、羅刹女というまがまがしい名称とは裏腹に、華やかな雰囲気をかもし出している。古い時代の作品が、唐装の女性であるのに対し、後の時代になると和装、すなわち女房姿（いわゆる十二単）をとることで、さらに身近な存在に感じられる。平安時代の高貴な女性たちが、我が身になぞらえるのもより容易だったのであろう。

図4-9　鬼子母神と羅刹女（図4-9部分）
奈良国立博物館

日蓮宗の鬼子母神像

日蓮宗における鬼子母神と十羅刹女の作品はきわめて多い。これは、いうまでもなく、日蓮にとって最重要の経典が『法華経』であったことによるが、とくに「陀羅尼品」に説かれる鬼子母神と十羅刹女に対しては、非常に篤い信仰を有していたためである。

日蓮自身が鬼子母神と十羅刹女を絵画で表現することはなかったが、いわゆる本尊曼荼羅の中にこれらの女尊たちを登場させている。本尊曼荼羅は日蓮にとって最も重要な「イコン」であるが、すべての仏たちが文字によって表されている。具体的なイメージを極力排除して、題目すなわち「南無妙法蓮華経」という文字あるいは音声を、信仰の対象とした日蓮ならではのイコンである。本尊曼荼羅と呼ばれるのは、この題目を中心に『法華経』に登場する仏たちの名前を、整然と、かつ装飾的に、その周囲に配したことによる。その独特な文字の書体から「髭曼荼羅」とも称せられる。「鬼子母神」と「十羅刹女」の名称も、中段からやや下にかけて現れる。その近くには、同じ「陀羅尼品」に登場する二菩薩と二天の名称も記されている。

日蓮の後継者たちは、本尊曼荼羅も連綿として作り続けたが、その一方で、日蓮があれほど拒絶した具体的なイメージを描くようになる。これらは「絵曼荼羅」と総称されるが、いかにも日蓮宗らしい名称である。曼荼羅とは、本来の密教では、当然、絵であることが普通で、それを文字で表せば「種子曼荼羅」のように特殊なマンダラと見なされていた。それが逆転しているのである。

絵曼荼羅は、そこに描かれている仏たちやモチーフに従って、宝塔絵曼荼羅（図4-10）や十界絵曼荼羅などの種類に分けられるが、しばしばその中に鬼子母神と十羅刹女も含まれる。本尊曼荼羅の主要なメンバーであったから、彼女らを描くことも当然である。そのとき、鬼子母神や十羅刹女の姿として用いられたのは、先行する作品、とくに単独の鬼子母神像と童子経曼荼羅であった。絵曼荼羅の鬼子母神は、右手に石榴、左手に赤ん坊を抱くのが一般的である。

図 4-10　宝塔絵曼荼羅　妙政寺

これは、単独の鬼子母神像の流れであるが、その一方で、台座ではなく、地面に直接坐るその姿は、童子経曼荼羅に登場する赤ん坊を抱いた女性像とそっくりである。さらに、童子経曼荼羅では、鬼神のひとりとして婦女形が現れたが、十羅刹女たちの描き方は、この婦女としての鬼神と同じである。ランバーという十羅刹女の筆頭が、童子経の鬼神のひとりであったことを考えれば、似ていて当然であるかもしれないが、むしろ、子どもを抱いた鬼子母神とあわせて取り込まれたようにも見える。

鬼子母神と十羅刹女の姿は、『法華経』の説話的な内容を描いた「法華経曼荼羅図」にも現れる。多宝如来と釈迦如来をおさめた多宝塔の前で、「陀羅尼品」の仏たちと居並ぶ中に含まれることが多い。この部分を独立させると宝塔絵曼荼羅になる。

鬼子母神と十羅刹女のみを取り出して描かれることもある。この場合、中尊のような形で鬼子母神が描かれ、その左右にバランスを取って十羅刹女が並ぶ。室町時代の有名な絵師、長谷川等伯は、日蓮宗に関連する作品を多数遺しているが、その中にやはり鬼子母神と十羅刹女を描いた絵画がある（図4－11）。興味深いことに、この作品では鬼子母神の隣に男性の神の姿もある。鬼子母神の夫である半支迦であるといわれている。甲冑に身を包み、右手に三叉戟をとるその姿は、四天王のひとり毘沙門天のイメージを借用したものであろうが、右手に槍を持って鬼子母神の隣に坐っていたガンダーラのパーンチカ像の姿を彷彿とさせる。石榴を持った鬼子母神とともに、はるかな旅路を経て、ついにここに至ったのであろう。

6　鬼子母神から観音へ

鬼子母神と十羅刹女の絵や彫刻は、日本各地の日蓮宗系の寺院で見ることができる。はじめにあげた真成寺のように、寺院の中に鬼子母神を祀るスペースをそなえていることが多い。十羅刹女を従えて、その中央で子どもを抱く鬼子母神は、まさに母の中の母、子どもの守り神といった風格を備えている。羅刹女たちは、さながらそれに付き従う若い母親たちである。童子

図 4-11　十羅刹女像　大法寺

経曼荼羅の羅刹女は、子どもに病をもたらす鬼神であったが、そこでもすでに子どもを守るように見える婦女の鬼神もいた。十羅刹女たちは、このイメージを借りて、子どもを守る神へとその性格や役割まで変えてしまったのである。

しかし、一般に、子どもを抱く女性の姿をした仏に、鬼子母神を思い浮かべる人は少数であろう。仏教美術に通じていればともかく、鬼子母神の名やその物語を知っている人も多くはない。おそらく、それは若い世代ほど顕著であろう。むしろ、子どもを抱いた仏、そして子どもを守る仏としては、観音を連想する人の方が圧倒的に多い。

しかし、観音はもともと子どもを抱くような仏ではなかった。インドにおいては、観音は男性の仏であり、女性ですらなかった。おそらく、観音が女性へと姿を変えたのは中国で、日本はその影響下にある。中国で女性的なイメージをもつ観音としては、楊柳観音や水月観音がいる。これらの女性的な観音は、しばしば童子、とくに少年を伴う。この少年は『華厳経』「入法界品」の主人公である善財童子と考えられている。善財童子を伴う観音は、すでにインドにも作例があるが、そこでは観音のイメージは明らかに男性で、まだ女性化していない。中国において、善財童子をあたかも自分の子どものように伴うのが、水月観音や楊柳観音なのである。

日本では、子どもを伴った女性の観音の姿を受け入れ、しかもそれが観音の典型的なイメージとして定着する。江戸時代、おもに中国から入ってきた観音像は、しばしば子どもを抱いた姿をしていた。これは中国で大量に制作された白磁などの陶磁器製品が多かったようであるが、もとは幼子を抱くマリアがその原型であった。江戸時代は、無論、キリスト教は禁止されていたが、後にマリア観音と呼ばれることの多い観音像は、この幼子を抱いたマリアがもとになっている。子安観音や慈母観音などの名前で呼ばれていた。

現在、日本であらたに観音像を墓地などの宗教施設に作るとき、最も好まれるのも子どもを伴うこのタイプの観音像であろう。その典型なのが、日本各地にあるいわゆる「巨大仏」である。奈良の大仏や鎌倉の大仏のむこうをはり、それをはるかに超えるような巨大の仏像を丘の上などに建立する。たとえば、石川県加賀市には、像高七三メートルにもなる巨大な観音像があり、車や電車でその近くを通過する人々の目を驚かせている（図4-12）。そして、その手にはしっかり赤ん坊が抱きかかえられている。その頭の部分だけでも奈良の大仏よりも大きいという赤ん坊である。

図 4-12　加賀観音　加賀市

巨大さはともかく、これこそが、現代の人々がもっている「子どもを抱く仏」のイメージであろう。しかし、そのルーツは、近世の子安観音や慈母観音を経て、キリスト教の聖母子像へとつながる。そして、さらに古代のヘレニズム世界の豊饒や多産の女神たちを介して、鬼子母神へと結びつく。南アジアや西アジアに起源をもつ「子どもを抱いた女神」のイメージが、ここでひとつになったのである。たとえ、醜悪に見えようと、われわれの知っている観音像の背後には、このようなユーラシア大陸全体を舞台にした女神たちの系譜が広がっている。われわれは観音を拝みながら、じつは鬼子母神を拝んでいるのである。これこそが、鬼子母神の本来の宿願だったのかもしれない。

第5章

弁才天と吉祥天

1　竹生島と蓮華会

弁才天の物語

能に「竹生島」という演目がある。近江国（今の滋賀県）の琵琶湖に浮かぶ竹生島を舞台とすることから、この名がある。竹生島は周囲がわずか二キロメートルの小さな島であるが、古くより「神を斎《いつ》く島」、すなわち神を祀る島として、人々の信仰を集めてきた。観音霊場である西国三十三所の第三十番目の札所としても知られ、千手観音を本尊とするが、それとともに、弁才天がおわします島として信仰されていた。「竹生島」はその弁才天が登場する能である。

時は醍醐天皇の御代である延喜の頃、天皇の廷臣が竹生島に参詣するために都を発ち、春たけなわの琵琶湖岸に到着する。湖の沖をながめると、ちょうど釣船がこちらに向かって漕いでくるのが眼に入り、竹生島への渡しを請う。船に乗っているのは老人と若い女性という不思議な組み合わせ。老人は自らがこの湖畔の里に住むわびしい漁師というが、風光明媚な名所を朗々と数え上げる口上からは、単なる漁師とは思われない。

老人と女に廷臣が竹生島への渡しを頼むと、老人は「これは渡し船ではなく釣船だ」と答えるが、廷臣はそれは承知のことで、はじめて竹生島に参詣する我が身にとって、「誓いの船」

だから頼んでいるのだと再度伝える。「誓いの船」の誓いとは、仏教における衆生救済の本誓のことで、輪廻の苦しみの世界を大海に譬え、そこからの救済を仏や菩薩が誓うことを指す。その渡しの船によって、悟りの世界へと至るのである。廷臣にしてみれば、まさに「渡りに船」で、それを大げさにいって、漕ぎ手の老人を喜ばせたのかも知れないが、実際はまさにその衆生救済のために老人と女が出現したことが、後になって明らかとなる。

竹生島への船旅は、穏やかな春の日にふさわしくうららかで、湖畔に次々と現れる名所の数々が、老人から廷臣に示される。そして、竹生島に到着すると、老人自らが廷臣を案内して、早速、ご本尊の弁才天への参拝を促す。

聞きしにまさるありがたさと廷臣は弁才天の社殿を拝するが、ふとかたわらに、同じ船に乗っていた女性もいることに気づき、女人禁制といわれているのに、どうして一緒にお参りしているのかと不審に思い老人に尋ねる。

「弁才天は仏の生まれ変わりなのですから、女人こそが参拝しなければならないのです」と老人が廷臣に教え諭すと、それを聞いた女性は「まぁ、そこまでおっしゃることもないでしょうに」と謙虚であるが、さらに老人はたたみかけるように、「弁才天は女体にて、弁才天は女体にて、その神徳もあらたなる、天女と現じおわしませば、女人とて隔《へだ》てなし、ただ知らぬ人の言葉なり」（弁才天は女性であり、弁才天は女性であり、その神徳はあらたかである。天女として出現されたのですから、女の人だといって分け隔てすることはありません。それは、ただことわりを知らない人のいうことです）と語って、廷臣の疑念を払拭する。

そして、弁才天がこのような悲願を起こして、悟りを開いてからすでに久しい年月が過ぎている。昔よりこのかた、衆生に与える利益は変わりないと、さらに弁才天の功徳をたたえる。ここで、「誓いの船」が単なる譬えだったのではなく、真実であったことが明らかとなる。

ここからは一気に前半のクライマックスとなり、「海人の小舟」を案内した我らはただの人間ではないと素性を明かし、女は社殿の扉を押し開いて中に入り、老人も水中にいったんは入ると見えて、また立ち戻って、「我こそは湖の主」と言い捨てて、ふたたび波の中へと入っていった。

女は何も語らないが、社殿に入ることでその正体が弁才天であることは、前段の廷臣による社殿の礼拝から明らかであるが、老人の方はいったい誰なのか、ここまでの流れではよくわからないのであろう。わざわざ戻ってきて、自分の正体を明かしてから、ふたたび湖の中へと入っていくという手の込んだ退場の仕方である。

女と老人の舞

後半は弁才天による優美な舞と、湖の主による勇壮な舞が繰り広げられる。

はじめは弁才天である。社殿が鳴動して、月の光と日の光が輝き、山の端から月と太陽が昇るように、その姿を現す。そして、もともと私はこの島に住み、衆生を守る弁才天なりと名乗りを上げる。そのとき、虚空に音楽が聞こえ、花が降り注ぎ、春の夜の月に輝く乙女の袂が翻って舞う姿は、なんと優美なことであろうという地謡を受けて、弁才天の華麗な舞が続く。やがてそれが終わると、いつしか時が経ったことが告げられ、月が澄み渡った湖面に波風がしきりに鳴動して、下界に棲む龍神が姿を現す。

龍神は手に持った金銀の珠玉を廷臣に捧げる。その有様はじつにありがたく奇特なことである。珠を廷臣に渡すと、龍神は「もとより衆生を済度する誓いは」と切り出し、それを受けた地謡が「もとより衆生済度の誓いはさまざまであるが、あるいは天女の姿で現れ、有縁の衆生の誓願をかなえ、あるいは下界の龍神となって国土を鎮めることで誓いを表す」と続ける。

そして、弁才天はふたたび社殿にお入りになり、龍神は湖水を飛行して、波を蹴り立て、水をかえして、とぐろを巻くように天地に広がる。さらに、大蛇の形をしたものは、龍宮に飛んで入っていく。これが「竹生島」の最後の場面である。

竹生島の本尊は弁才天なのであるから、能の主役であるシテが女、すなわち弁才天になりそうであるが、老人の姿をした龍神がシテで、女の方はツレになる。弁才天よりも重要な老人はいったい誰なのか。女と老人が一緒に行動するのはなぜなのだろうか。龍神が龍宮へと帰っていくのは当然であろうが、なぜその前に大蛇の姿となって、とぐろを巻くように天空に広がったのだろうか。

蓮華会

この竹生島で古くより行われている法会がある。蓮華会《れんげえ》と呼ばれる。弁才天像を竹生島に奉納して、『法華経』を読誦することを中心とする。「蓮華会」という名称も、『法華経』の正式名である『妙法蓮華経』にちなむと考えられ、『法華経』の供養が主眼であったことがわかる。『法華経』の「普門品」は観音菩薩の霊験を説くが、竹生島のもうひとつの重要な信仰の対象である観音とも関連するのであろう。

蓮華会が始められた時期は明らかではないが、比叡山に興った天台宗の中興の祖とあがめられている良源によって始められたといわれている。良源の行状を伝える『慈恵大師僧正拾遺伝』には、九七二（承元二）年の記載事項として、弁才天を荘厳し、僧によって船から湖水に散華することが記されている。「蓮華会」の名称は現れないが、その源流に相当すると考えられている。ちなみに、良源は元三《がんざん》大師の名でも知られ、天台宗の歴史を語るときには欠くことのできない高僧であるが、生まれは琵琶湖の東岸の長浜市（旧・虎姫町）で、まさに蓮華会を伝えてきた地域に含まれる。

現在の蓮華会は次のような流れで行われる。

蓮華会の中心的な役割を果たすのは頭人《とうにん》と呼ばれるが、この頭人に毎年一二月に二人が選ばれる。二人のうち、一人は先頭、もう一人は後頭と呼ばれる。頭人は、市町村合併で長浜市の一部となったが、従来の地名では東浅井郡と伊香郡に在住する裕福な家から選ばれる。頭人に選ばれた家の主人は、仮屋を設けてそこに弁才天の像を安置する。かつてはこのために新しく弁才天像を作っていたが、現在では竹生島の宝厳寺から預かった弁才天像であることが一般的だそうである。

弁才天を迎え入れた頭人は、この日より精進潔斎し、毎日、弁才天への供養を行い、それは蓮華会の当日である八月十五日まで続けられる。

いよいよ、その日となると、仮屋を出た頭人とその一行は弁才天を祀った厨子を持ち、近在を練り歩いた後、竹生島まで船で渡る。島では宝厳寺の住職をはじめとする僧侶や神職ら一同に迎えられ、弁才天を祀る弁財天堂への石段を、やはり厨子を持って一列になって登っていく（図5-1）。先頭と後頭の頭人の二人は、それぞれ別々に、関係の縁者とともに奉納するが、宝厳寺で行われる法要のときに一同に会する。はじめて頭人を務める場合は後頭に、二回目以上の頭人は先頭になるという。

図5-1　蓮華会で弁才天を奉納する頭人

そして、弁才天堂に至ると『法華経』の読誦を中心とした法要が営まれ、奉納した弁才天像の開眼作法が行われる。古くは、毎年、新造の弁才天像が納められたため、おびただしい数の弁才天像となったようで、その一部が現在でも弁才天堂の裏手にあるお堂に安置されている。

蓮華会の法要が終わると、頭人による寺僧をはじめとする関係者への饗応が行われる。かつては翌日の一六日から一九日まで行われたといわれる。

一二月から始まる一連の儀式は、当然、頭人に多大な経済的な負担となるが、頭人に選ばれることはこの地区の住民にとってこの上なく栄誉なことで、「蓮華の長者」や「蓮華の頭の家」という名で呼ばれるそうである。単に、財力があるだけで選ばれるのではなく、名家として認められ、確たる信仰心をそなえた人物であるかなど、厳しく選別されるのであろう。

図 5-2　弁才天坐像　宝厳寺

このあたりは浄土真宗が圧倒的な勢力を有する土地柄であるが、それとは無関係ともいえる弁才天信仰が、はるかに昔より連綿と続けられてきたことも興味深い。千年以上の歴史をもつ重層的な信仰世界が、こ

図 5-3　弁才天坐像（図 5-2 の頭部）　宝厳寺

の地には現在でも生き続けているのである。

現在、宝厳寺では、戦国大名の浅井久政が奉納したと伝えられる弁才天像が、本堂の外陣の一角に祀られている（図5-2）。浅井久政は、お市の方をめとった浅井長政の父である。浅井の地の戦国武将が奉納しただけあって、等身大に近い堂々とした弁才天像である。しかし、宝厳寺を観光に訪れた人びとは、それが弁才天であることを知ると、たいてい驚く。弁才天といえば、琵琶を弾く、優美な天女の姿を思い浮かべるからである。ここに祀られている弁才天は、八本の腕を持ち、その持物のほとんどは、弓矢や剣などの武器で、琵琶は影も形もない。さらには、弁才天の頭頂には、蛇がとぐろを巻いている上に、蛇の頭の部分が白い髭を生やした老人の顔になっている（図5-3）。宇賀神《うがじん》と呼ばれる神である。そのため、このタイプの弁才天を宇賀弁才天ともいう。頭人が奉納する弁才天像も、この宇賀弁才天である。ただし、久政寄進の像は坐像であるが、現在、蓮華会で用いられる像は立像のようである。

2　弁才天の成立とイメージ

ヴェーダの神

弁才天は日本人のあいだでもよく知られた仏教の女神である。ひょっとすると、日本で信仰されている仏教の女神の中では、最も人気が高いかもしれない。七福神の一人で、琵琶を手にした天女の姿を思い浮かべる人も多いであろう。逆に、このイメージ以外の弁才天はあまり知られていない。財宝神であるため、弁財天と表記されることもある。どちらも「ベンザイテン」なので問題ないし、むしろ弁財天の方がなにかありがたそうに見えるかもしれない。ただし、あくまでも弁財天は日本の中での表記の変化である。

弁才天についての一般的な説明としては、インドの女神サラスヴァティー（Sarasvatī）のことで、その起源はヴェーダ聖典に登場する同名の女神にまでさかのぼること、サラスヴァティーとは河の名前で、そのため水や河、海などとつながりが深いこと、同じヴェーダ聖典に登場する女神で、ことばの神であるヴァーチュ（Vāc）とも結びつき、ことばを司ることから学問や知恵の神の性格をもつことなどがあげられる。音楽や技芸にもかかわりが深く、そのため琵琶を持って表現されることがさらに加えられる。

これらの情報が圧縮されると、弁才天は河の女神で、学問や音楽を司る女神として古くからインドで信仰されていたことになるが、これは短くしすぎである。基本的に、ヴェーダの神々は具体的な姿をもたない。琵琶を弾く麗しい天女の姿を、ヴェーダ聖典を残した人々がイメージしていたわけではない。ヴェーダに登場するサラスヴァティーもヴァーチュも、自然現象や観念的な存在にとどまり、人格神には至っていない。この二人の神を同一視する考えもそこにはない。

弁才天の起源をこれらの女神に求めるのは、著名なサンスクリット学者辻直四郎が、『リグ・ヴェーダ』に含まれる「サラスヴァティー河の歌」に対して「後世サラスヴァティーはヴァーチュ（「言葉」）と一致され、文芸守護の女神として弁才天の性格を備えるに至った」という短い注記におそらく由来する（辻　一九七一、七二）。それから少しずつ形を変えて引用され、たとえば「弁才天。もともとインドのサラスヴァティー河を神格化した神で、聡明で美音を発し、この天を供養すれば財福と知恵を得られるという」などという短絡的な説明になる。

ただし、『リグ・ヴェーダ』でもヴァーチュの本源が水（太初の原水）の中、海の中にあり、そこから一切万物の上に拡がると、水を介して世界全体を覆うことがたたえられている。一方のサラスヴァティーは、文字通りには「水（サラス）を有するもの」という意味で、水が両者に共通する重要な要素であることが知られる。本来は別の女神をひとつに結びつけるための下地が、すでに準備されつつあることは感じられる（辻　一九七〇、三〇七―三〇八）。実際、サラスヴァティーとヴァーチュが同一視されるようになったのは、ヴェーダ文献の中でも、サンヒター（本集）よりも成立の遅れるブラーフマナ（梵書）になってからといわれている。

サラスヴァティーの像

インドでサラスヴァティーの像がいつ頃から作られるようになったかは明らかではない。ヒンドゥー教の神々の像が出現するようになったグプタ期以降と考えられるが、有力なヒンドゥー教の神々であるシヴァやヴィシュヌのように、多くの作品が残っているわけではない。ただし、それは単独像のことで、サラスヴァティーはヴィシュヌの脇侍として表現されることが多く（図5−4）、ヴィシュヌの作例数に比例して、その姿は広く知られている。

図5−4　ヴィシュヌ立像
ニューデリー国立博物館

ちなみに、サラスヴァティーと対になる脇侍はラクシュミー（吉祥天《きちじょうてん》）で、ヴィシュヌの妻と見なされている。ヴィシュヌの脇侍のサラスヴァティーは二臂を備え、ヴィーナーと呼ばれる楽器を持つ。

ヴィーナーはインドの代表的な弦楽器のひとつで、日本の弁才天の持物である琵琶と同類の楽器である。

図5-5　サラスヴァティー

サラスヴァティーの単独の作例もあり、二臂、あるいは四臂をそなえている。二臂の場合、やはりヴィーナーが代表的な持物であるが、それ以外にも蓮華など他の持物をとることもある。また、四臂の場合、ヴィーナーを持つ手以外には、経函《きょうかん》と数珠、あるいは経函とペンの組み合わせなどが現れる（図5-5）。もちろん、経函もペンも知恵と学問の神にふさわしい持物であり、数珠も学問を専らとするバラモンの基本的なアイテムである。いずれも音楽と学問、あるいは文芸を司るというサラスヴァティーならではの持物である。このようなイメージは、時代が下ってもあまり変化は見せず、現代でもヒンドゥー教の寺院や一般家庭にこのような姿のサラスヴァティーが祀られている。

日本の弁才天の類型

これに対して、日本の弁才天は、その特徴から四つの形式に明瞭に区別される。四つの形式とは以下のとおりである。

（1）『大日経』にもとづく胎蔵曼荼羅に描かれる二臂で琵琶を持つ像
（2）『金光明最勝王経』に説かれる八臂像
（3）頭に宇賀神を載せた八臂の宇賀弁才天
（4）頭部が三匹の蛇である天川弁才天

（1）の二臂で琵琶を持つタイプの弁才天は、一般によく知られている弁才天の姿で、七福神の一人として登場するときにもこの姿をとる。源流はインドにさかのぼり、弁才天の基本的なイメージと考えられる。楽器を弾くことから妙音弁才天、あるいは妙音天という名称をもつこともある。有名な作品としては、胎蔵曼荼羅の外金剛部に描かれる弁才天（図5–6）や、鶴岡八幡宮の鎌倉期の彫像、静嘉堂所蔵の彩色画で、水辺の岩の上に坐す像などがあげられる。

図 5–6　弁才天　御室版胎蔵界曼荼羅

比叡山の日吉山王神社の曼荼羅図である日吉山王曼荼羅図にも、この姿の弁才天が描かれることがあるが、これは下七社のひとつ岩瀧社の本地仏が弁才天と考えられているためである。

（2）の『金光明最勝王経』所説の像は、義浄訳の同経の第十五之一「大弁才天女品」に含まれる。「常に八臂を以て自ら荘厳し、各弓と箭と刀と矟と斧と、長杵と鉄輪と、并に羂索とを持す」と記載され、八臂のそれぞれの持物についても明記されている。はじめの弓と箭（矢）は左右の手に持つのが一般的なので、残りの刀以下の三種が右手、長杵以下の三種が左手の持物に相当するのであろう。『金光明最勝王経』には、この他にも弁才天の尊容についての情報が含まれるが、その成立も含め、後ほど詳しく取り上げる。作例としては、京都の浄瑠璃寺の吉祥天像を納めた厨子の後壁に描かれた画像がとくに有名である（図5-7）。この厨子そのものが、吉祥天を中心に『金光明最

図5-7　浄瑠璃寺吉祥天厨子絵 弁才天および四眷属像
東京藝術大学所蔵

勝王経』に登場する諸尊で構成されている。

（3）の宇賀弁才天はすでに述べたように、宇賀神に相当する蛇を頭に乗せた八臂の弁才天で、蛇の頭の部分が老人の姿をしている。日本の弁才天のかなりの割合を占めるのが、この宇賀弁才天のタイプで、竹生島の弁才天をはじめ、豊富な作例が残されている。八臂像が基本で、その持物もほぼ『金光明最勝王経』の八臂像と共通するので、その発展形と考えられる。『宇賀耶頓得如意宝珠陀羅尼経』という小部の経典に説かれ、この経典も含め、弁才天に関する五部の経典すなわち弁天五部経が典拠としてあげらえる。ただし、これらの経典は日本で撰述されたいわゆる偽経で、インドはもちろん、中国にもこの形式の弁才天は存在しない。

宇賀神は頭部に置かれるのが一般的であるが、弁才天から離れて、その前でとぐろを巻いている竹生島の宝厳寺本や、頭の上に蛇を載せた老人が、弁才天のかたわらに立つ大坂の専称寺本（図5-8）などもあり、弁才天と一体化していない作品もある。また、画像の場合、十五童子を伴うことも多く、これらの童子についても、上記の経典に記載されている。いずれも富や財宝と何らかのかかわりをもつ名称で呼ばれ、それに相当する持物を持つ。

（4）の天川弁才天については、すでに拙著（『エロスとグロテスクの仏教美術』春秋社）で取り上げているので、本書では扱わないが、美女どころか、人間の姿すらとっていない異形の神である。頭部が三匹の蛇で、その三匹が正面と左右に鎌首を伸ばしている。八臂像や十臂像があり、頭部に蛇が現れることからも、八臂の弁才天や宇賀弁才天の流れを汲んでいると考えら

図 5-8　弁才天坐像　専称寺　写真提供：奈良国立博物館

れるが、その全体的なイメージは大きく異なる。周囲にはその眷属たちが取り巻くことが多い。宇賀弁才天の十五童子に一部は重なるが、ほとんどが天川弁才天と同様、異形の神々である。作例数は限られ、奈良の能満院や高野山の親王院所蔵の作品がしばしば紹介される。

その他の形式

日本にある弁才天像は、ほぼこの四タイプに限られるが、インドでは後期密教の時代に「金剛弁才天」（Vajrasarasvatī）という名称の女尊も信仰されていたらしい。『サーダナマーラー』に、多面多臂で、手には金剛杵や種々の武器を持つ忿怒形の女尊として登場する。後期密教の仏らしい尊容であるが、逆に弁才天である特徴は失われている。弁才天がマンダラに含まれることもあまり多くなく、すでに二臂弁才天のところで述べた胎蔵曼荼羅を除けば、金剛界降三世マンダラやヤマーリ・マンダラなどに登場する程度である。このうち、金剛界降三世マンダラは琵琶を弾く二臂のタイプで、ヤマーリ・マンダラの方は忿怒形の金剛弁才天のタイプと考えられる。

チベットの弁才天もこれらの流れを受け継いでおり、『五百尊図像集』には琵琶を持つタイプの弁才天と、六臂をそなえた忿怒形の金剛弁才天の両者が含まれる。『三百六十尊図像集』には「琵琶弁才天」という名で呼ばれる二臂タイプの弁才天のみが収録されている。

3　二臂弁才天の図像のゆらぎ

最初期の日本の弁才天

日本に弁才天が伝えられたのは奈良時代と考えられている。この時代に日本にもたらされた曇無讖《どんむせん》訳の『金光明経《こんこうみょうきょう》』に弁才天が登場することによる。前にあげた義浄訳の『金光明最勝王経』も、少し遅れるがほぼ同時期に伝来している。『金光明経』と『金光明最勝王経』は、名前が似ていることからもわかるように、同じ経典ではあるが、翻訳年代に二〇〇年以上の開きがある。それぞれのもととなったサンスクリット・テキストが大きく異なり、より古い『金光明経』に比べて『金光明最勝王経』は、著しく分量が多い。二〇〇年のあいだに増広されたのである。それも段階的に行われたことが、現存するサンスクリット写本やチベット語訳本から明らかにされている。

すでに奈良時代に弁才天は知られていたが、確実に奈良時代にさかのぼる作品は存在しない。東大寺には塑像の弁才天像があり、制作年代は奈良時代と伝えられるが、ほとんどの部分に後世の手が入り、原形をどれだけ残しているかは不明である。この作品はたしかに現存する日本最古の弁才天像であるが、当時の姿を伝えているとはいえないのである。

おそらく、日本の弁才天像で当時のままの姿を伝える最古例は、空海が伝えた胎蔵曼荼羅に描かれた画像であろう（図5-6参照）。空海が将来した曼荼羅はすでに失われているが、その同時代の転写本である高雄曼荼羅が現存しているし、その忠実な写しである御室版の白描画として、鮮明な姿が残されている。

そこに描かれている弁才天は二臂の菩薩形で、両手で琵琶を演奏している。後世の弁才天は天女の姿をとるが、ここでは菩薩形である。丸い座の上にゆったりと坐り、左手は琵琶の弦を押さえ、右手には撥《ばち》を持っていたようである。琵琶は中国から伝えられた楽器であるが、正倉院の御物にも含まれるように、はやくから宮中などで用いられていた。当時の皇族や貴族にとってはなじみのある楽器だったのであろう。その描き方も自然である。
ただし、弁才天が琵琶を持つのはインドのサラスヴァティー以来の、いわばオーソドックスな姿であるが、それがそのまま伝えられてマンダラに描かれているかといえば、それほど単純ではないようである。

図 5-9　弁才天二侍者　「胎蔵図像」

胎蔵曼荼羅の古い形式

空海が請来した胎蔵曼荼羅よりも古い形の胎蔵曼荼羅が知られている。「胎蔵図像」と「胎蔵旧図様」である。いずれも現存する作品は空海よりも後の時代であるが、成立したのは、請来本をさかのぼることが明らかにされている。いずれも、天台宗の高僧である円仁が中国で手に入れたとされ、たまたま、そこに古い形式の胎蔵曼荼羅の図像作品が残されていたのである。

ふたつの中でもより古い「胎蔵図像」には、「弁才天女と二侍者」という書き入れとともに、三人の女性が描かれる（図5-9）。向かって右側のやや大きく描かれる人物が弁才天で、それに向かい合うように左側の上下に描かれているの

図5-10　弁才天二侍者　「胎蔵旧図様」

が二侍者であろう。ここでは弁才天は琵琶を持たず、右手には蓮華のつぼみのついた茎を、左手には長いラッパ状のものを持つ。この形状は、前章で取り上げたガンダーラ出土の鬼子母神（もしくはアルドクショー）が手にしていた「豊饒の角」（コルヌコピア）に酷似している。豊饒神のシンボルをなぜか弁才天が持っているのである。

反対側の二侍女の方は、いずれも右手を胸の前に、左手を足の上に置くが、特別な持物を持っていないようである。ただし、下の方に描かれた侍女は、足のところで何か楕円形のものを立てている。どうもこれが琵琶のようで、丸みを帯びたその形は、琵琶の胴体の部分に相当するようである。

「胎蔵旧図様」でも弁才天は二侍者を伴って描かれている（図5-10）。ただし、そこでは弁才天とは呼ばれずに「美音天」となっている。弁才天の異名で、妙音天と呼ばれることもある。名称は異なるが、美音天（弁才天）と二侍者のポーズは、「胎蔵図像」とほとんど変わらない。三人の位置関係には変更が加えられたようで、中央に美音天を描き、その左右に二侍者を置く。二侍者は体の向きを左右反転させている。

ここでも二侍者のうちの一人は、足のところに琵琶の胴体のようなものを立てているが、それとほとんど同じものを中央の美音天も手にしている。ちょうど、琵琶の首の部分を手にして、肩にかけるような構えをとっている。ギターであれば、そのように持つことは、現代のミュージシャンにはよくあるので、不自然ではないかもしれないが、琵琶の場合、かなり異様に見える。インドのサラスヴァティーがこのようなポーズで楽器を持つことも見たことがない。

ただし、「胎蔵図像」と並べてみると、この違和感は解消される。そこでは弁才天は琵琶ではなく、「豊饒の角」に似た持物を手にしていた。ちょうどそれを琵琶に置き換えると、「胎蔵旧図様」の美音天ができあがる。二侍女とともに描かれた琵琶の置き方もおかしかったが、ここでは琵琶は楽器としての役割を十分理解されていなかったのであろうか。なお、「胎蔵図像」で弁才天が右手に持っていた蓮華の茎は、「胎蔵旧図様」では、もうひとりの侍女が右手に握るようになる。ここからも、両者の図像の要素が交換され、「豊饒の角」が琵琶に変わっていることが推測される。

ガンダルヴァとの混同

請来本よりも新しい作品であるが、「四種護摩本尊并眷属図像」にも、おそらくこれらとそれほど変わらない時代の弁才天が登場する（図5-11）。そこにも請来本の弁才天と同じように、琵琶を奏でる弁才天が描かれているが、不思議なことにすぐ横に記された尊名は乾闥婆《けんだつば》となっ

▲図 5-11　乾闥婆　「四種護摩本尊并眷属図像」

◀図 5-12　弁才天　「四種護摩本尊并眷属図像」

ている。インドに起源をもつ音楽神ガンダルヴァのことである。そして、それとは別に「弁才神」と記された尊格がいるのであるが（図5-12）、この尊が演奏している楽器は琵琶ではなく、箜篌《くご》すなわち竪琴である。箜篌も中国伝来の楽器のひとつで、西洋に伝わるとハープになる。仏教美術では阿弥陀如来の来迎を描いた来迎図に、箜篌を手にした奏楽の菩薩がいる。楽器そのものは日本では普及しなかったようであるが、その形態や弾き方は知られていたのであろう。

　インドの図像例では、箜篌を持つのがガンダルヴァで、琵琶に相当するヴィーナーという楽器を持つのがサラスヴァティーで、こことは逆である。たとえば、箜篌を持ったガンダルヴァは、仏伝の場面のひとつである「帝釈窟説法」に現れる。おそらく、どこかでサラスヴァティーと図像と名称が入れ替わったと考えられるが、逆にいえば、まったく別の図像であっても、それを弁才天と呼ぶことに違和感がなかったことになる。これは「胎蔵図像」や「胎蔵旧図像」についてもあてはまることで、琵琶を持つことの有無や、その琵琶をどのように持つかについて、決まったルールはなく、その中で、琵琶を奏でる姿が請来本以降の弁才天の姿として定着していったと考えられる。なお、箜篌を奏でる二臂の弁才天像は、「四種護摩本尊并眷属図像」とほとんど同じ像が、空海の弟子のひとりである智泉による『別尊雑記』にも収められている。真言宗においては、権威ある図像として重視されていたことがわかる。

4 『金光明経』の弁才天

『金光明経』とは

すでに述べたように、弁才天を説く経典で、最も早く日本に伝えられたのは『金光明経』で、奈良時代のことである。『金光明経』は鎮護国家を説く経典として、日本仏教ではとくに重視され、『法華経』『仁王経』とともに護国三部経のひとつとしても知られている。とりわけ、奈良時代のさまざまな国家的な儀礼が、この経典にもとづいて行われ、その影響は後世にまで及んでいる。その中には、南都の大寺において現代に至るまでその伝統が受け継がれているものもある。

『金光明経』ははじめから全体が一度に成立したのではなく、段階を追って次第に量が増えていったことがわかっている。その成立のプロセスをよく示すのが漢訳経典である。

『金光明経』には三種の漢訳が残っている。曇無讖訳の『金光明経』（四巻一八品、大正蔵一六巻、六六三番、以下『四巻本金光明経』）、隋代の宝貴によって編纂された『合部金光明経』（八巻二四品、大正蔵一六巻、六六四番、以下『合部本』）、そして、義浄による『金光明最勝王経』（一〇巻三一品、大正蔵一六巻、六六五番）である。日本では最後の義浄訳がもっぱら重視され、弁才天の造像や儀礼も同経にもとづいている。

ふたつめの『合部本』は、通常の漢訳経典とは異なり、ひとつのサンスクリット・テキストから翻訳されたものではない。曇無讖の『四巻本金光明経』の後に、真諦《しんだい》による翻訳と闍那崛《じゃなくっ》多《た》による翻訳の二種の『金光明経』があったが、いずれも散逸して現存しない。このふたつの翻訳と曇無讖訳とを校合し、曇無讖訳に欠けている内容を残りの二本から抜き出し、全体で八巻二十四品の経典としたものである。そのため、宝貴「訳」ではなく「合糅《ごうじゅう》」となっている。

『金光明経』にはサンスクリット語の原典やチベット訳も存在する。いずれも『四巻本金光明経』から義浄訳の『金光明最勝王経』に至るまでのあいだに位置づけられ、ここからも、この経典の増広のプロセスがうかがわれる。サンスクリット本は、全体的には、おおむね曇無讖訳の『四巻本金光明経』に近い内容をもつが、弁才天の登場する「弁才天品」は、『合部本』にほぼ一致する。サンスクリット写本はいずれもネパールに伝えられたもので、インドやその周辺国では、この段階の『金光明経』が広く流布していたと考えられる。

その一方で、義浄訳の『金光明最勝王経』に近い内容をもつサンスクリット写本の断片が、中央アジアから見つかっている。インドやネパールで流布していたヴァージョンとは異なる写本も、不完全ながら現存しているのである。これからさらに発展した段階の写本を、義浄はたまたま手にすることができ、それを漢訳したことで、中国や日本ではそれが最も重視されたことになる。

共通する部分

曇無讖の『四巻本金光明経』の「大弁天神品」は、大正蔵でわずかに一一行半、文字数にして二〇〇字程度しかない。漢文なので、日本語にすれば、その二、三倍にはなるであろうが、きわめて短いことには変わりはない。

その内容は、弁才天が世尊に対して、この経典を説く者を称賛し、加護を約束する。さらに、もし説法をする者たちが、経典中の文字を忘れてしまったり、話やその意味が混乱しても、私がそれをただすと述べる。さすが、言葉の神ヴァーチュと同一視される弁才天だけはある。そして、経典を聴聞した人には知恵や福徳が生じ、最終的には「この上ない最上の悟り」を得ることができると宣言する。

「法を説く者」というのは、単なる仏教の僧侶ではなく、専門的に経典を記憶し、まちがいなくそれを唱えることができた人たちである。大乗仏教は、このような人たちがいたからこそ、どんなに大部な経典であっても、あるいは、複雑な内容の経典であっても、正しく伝えられたのであろう。彼らにとって弁才天は、この上なく重要な神であったのである。

諸本の関係

『四巻本金光明経』の「大弁天神品」で説かれるのは、わずかにこれだけである。弁才天のこのありがたい言葉に世尊が応えることもなく、次の「功徳天品」が始まる。

これに対し、現存する残りの二種の漢訳経典は、はるかに豊富な内容を説く。いずれも、そのはじめには、曇無懺訳のこの部分を置いているが、残りの部分の方がはるかに長いため、単なる導入部にしか見えない。増広というよりも、まったく新しい内容の「弁才天品」を創作し、その冒頭に先駆経典の一節を付加したようにさえ見える。『合部本』では、増広部分のはじめに「闍那崛多訳から補う」とあるので、宝貴が新たに用いた二種の漢訳経典のうち、闍那崛多訳に依拠していることがわかる。真諦訳は曇無懺訳と同じような内容だったのであろう。

『四巻本金光明経』の「弁才天品」に対応する『合部本』の「大弁天品」と、『金光明最勝王経』の「大弁才天女品」を比較してみると、両者の長さはかなり近い。文章の一つひとつを比較すると、両者には出入りがあるが、大まかにいえば、『合部本』の「大弁天品」を、さらに増広させたのが『金光明最勝王経』の「大弁才天女品」である。ただし、単純に末尾に付加したのではなく、その終わりに近い箇所に、割り込ませるように新しい内容が加えられ、それが終わると、再び『合部本』とほぼ同一内容が現れ、さらにその後に、『金光明最勝王経』にのみ現れる部分が続く。この最後の部分は、『金光明最勝王経』では巻第七には入りきらなかったようで、「大弁才天品第十五之二」として巻第八のはじめに置かれる。そのため、巻第七までは「大弁才天女品第十五之一」となる。ちょうど、『合部本』との対応箇所がほぼ終わったところが、巻第七と巻第八の境目になっているのである。

サンスクリット・テキストは、「弁才天品」に関しては『合部本』によく一致する。他の箇所では曇無讖訳に近い内容を示すことが多いサンスクリット本であるが、『合部本』に含まれる増広部分は、比較的はやく成立したのであろう。これに対し、『金光明最勝王経』の付加部分は、この弁才天関係の箇所の中でも、最も新しい層になる。チベット語訳テキストにも、この部分は含まれない。

儀礼の導入

『合部本』とサンスクリット・テキストを中心に、該当する付加部分の内容を簡単に紹介しよう。『四巻本金光明経』との共通部分を受けて、そのまま弁才天が世尊に対して説くという形式が続くが、説かれる内容はそれまでとうって変わり、具体的な儀礼の説明が始まる。

はじめは沐浴の儀式（洗浴法）である。沐浴のときに用いられるさまざまな薬草の名称と、それらに対して唱えられる呪句があげられる。続いて、儀礼の壇を築き、その周囲や内部をさまざまに荘厳することが説明される。これを結界の作法と呼んでいるが、すでに述べた洗浴法を実際に行うための儀礼の場所の準備に相当する。結界のための呪句も説かれる。洗浴のための水に対する呪句も説かれ、「湯呪」と呼ばれている。一連の儀式の最後には「護身の呪」が示される。

これらの連続して行われる儀式によって、さまざまな災厄や悪鬼から守られ、最終的には「この上ない悟りの境地」に至ることになる。その功徳は、はじめにあげた三種の漢訳すべてに現れる弁才天の功徳に他ならない。経典を読誦するだけではなく、大がかりな儀式を規則に従って実行することでそれが獲得されることがわかる。とくに、儀礼の空間が準備され、各プロセスで呪句を唱えることが重視されている。

ただし、儀式のために準備される空間は沐浴の壇にとどまり、特定の尊像を安置するためではない。弁才天を本尊とする儀礼であるならば、弁才天そのものの像を安置してもよさそうなものであるが、そのような記述はどこにも見あたらない。

ここで経典の内容を説いているのは、弁才天そのものなので、自分の像を安置せよというのはおかしなことかも知れないが、密教経典ではよくあるパターンである。特定の尊格やマンダラを置くために壇を築くようになるのは、本格的な密教の儀礼が整備されるようになってからである。ここはまだそれには至らない段階の儀礼であり、その目的は儀礼を行う者自身の沐浴と護身である。そこには仏像のようなイコンは必要なかったのである。

ここまでは弁才天が世尊に語った内容である。それを聞いた世尊は「見事である」とほめたたえ、それによって功徳が得られることを保証する。弁才天は世尊からのお墨付きを得たので、世尊の両足に頂礼《ちょうらい》すると、そのかたわらの座に戻る。「大弁才天品」の冒頭では、弁才天は突然、世尊に対し話を始め、別に自分の座から立ち上がったと説かれているわけではないが、いつの間にか、世尊の座の横に、自分の座があることになっている。経典を増広したことによって生じた齟齬であろうが、『合部本』の作者はそこまで気にしていないようである。

新たな展開

ここで突然、カウンディヌヤ（憍陳那）というバラモンが登場する。彼の言葉を通してこの後の物語は進むことになる。

はじめは、カウンディヌヤから弁才天に対する請願の言葉である。すなわち、弁才天の名は世界に知れ渡っていて、人々の願いをかなえてくれる。いつも山の峰にとどまり、吉祥草の衣を着て、常に苦行している。願わくば、この経典の妙なる言葉をお説きくださいと呼びかける。

弁才天はそれに応えて「妙なる言葉」を説くべきところであるが、それに続いてあげられる長文の陀羅尼は、『合部本』ではカウンディヌヤの言葉のようにも読め、サンスクリット本も同様である。陀羅尼の中には、「偉大な天女よ、受け入れたまえ、敬礼《きょうらい》す」とか、「弁才天という尊格に敬礼する」とあるので、カウンディヌヤが語っていると考えた方が自然であるが、そうすると、始まりの部分と一致しない。これも、テキストの文章をつぎはぎのように増やしたことによるのであろう。

陀羅尼が終わると、『合部本』やサンスクリット本は、カウンディヌヤによる弁才天への賛《さん》嘆《だん》の偈頌《げじゅ》が続く。これらのテキストでは、話者は一貫してカウンディヌヤなのである。それに対し、『金光明最勝王経』では長文の陀羅尼が説かれる前に、弁才天がその請願を聞き入れ、呪を説くという文章が挿入される。これによって、ふたたび弁才天が話者に戻り、カウンディヌヤとの対話が基本となる。『金光明最勝王経』のみを読めばその展開は自然であるが、既存のテキストと比較すると意図的に改変したことがわかる。経典作者が腐心したことがうかがわれる。

5 弁才天の供養とイコン

追加される情報

さらに『金光明最勝王経』では、陀羅尼が説かれた後に、この経典にのみ現れる文章が続く。すでに述べた、経典の成立過程で、最後に付加されたと考えられる「割り込み」の部分である。そのため、『合部本』やサンスクリット本にあった弁才天への賛嘆の偈頌は、その後に追いやられることになる。

挿入箇所の内容は大きくふたつに分かれる。前半は弁才天を本尊とする儀礼が説かれ、後半は女神への讃嘆である。弁才天への讃嘆は、すでに『合部本』やサンスクリット本にもあったが、それとは異なる内容で、『金光明最勝王経』ではそれに連続するように、新たな讃嘆文が現れる。

まず、前半の儀礼の部分である。これは弁才天からカウンディヌヤに対して説かれる。その直前は、『金光明最勝王経』の場合、同じく弁才天によって説かれたとされる陀羅尼なので、陀羅尼がまずあげられ、その陀羅尼を中心とした儀礼が解説されるという流れになる。それだけ見れば何ら不自然ではないが、実際は、陀羅尼がまずはじめにあって、それを中心とした儀礼がそれより遅れて形成されたことがよくわかる。

弁才天が説く儀式では、行者はこの陀羅尼を呪し、三宝に帰依し、諸仏、諸菩薩、諸天に礼拝する。そして、静かで瞑想にふさわしい場所において、仏像の前で安坐して、空性を修習するなどして、最勝の陀羅尼を獲得し、その功徳によってさまざまな成就が得られることが述べられる。これは「受讃の法」と名付けられている。「最勝の陀羅尼」の具体的な内容は説かれていない。

ここで行者が前にしているのは、弁才天の像ではなく、世尊の像である。陀羅尼の実践と、その陀羅尼の仏の像、ここでは弁才天の像が、儀礼の場において結びついていないことがわかる。特定の仏の陀羅尼の儀式を行っていても、その仏の像は用いず、世尊、すなわち一般的な仏像を前にして、儀式が行われていたのである。

しかし、弁才天の説く儀式はこれだけではなかった。この受讃の法を説いた後で、弁才天はもうひとつ、弁才天への供養法について説明している。それによれば、壇を築き、それをさまざまに荘厳して、その中で仏と弁才天を供養せよと説く。これは、すでに見た「洗浴の法」からはじまる一連の儀式によく似た内容であるが、そこでは、結界された壇の中で、行者が護身法を修することが目的とされたのに対し、ここでは仏と弁才天の供養が行われる。

行者はこの壇において、弁才天を前にして、すでに述べた呪（最勝の陀羅尼のことか？）を二一日間唱え、もし、その姿を見ることができなければ、さらに九日間続けて唱えよとする。そして、それでも弁才天の姿が見えなければ、別の静かな場所に移動し、そこで規則どおりに弁才天の画像を描き、これを供養するよう指示する。最後に、その結果として得られた果報を衆生に施せば、あらゆる願いは成就するし、そらにそれを三カ月、六カ月、九カ月、もしくは一年続ければ、行者は神通力を獲得すると述べられる。

イコンの役割

ここではじめて弁才天の画像が登場することは注目される。陀羅尼を唱え、瞑想をしても、どうしても弁才天の姿を見ることができない行者が、最後の手段として、その画像を描けというのである。その前には、弁才天を供養せよとあるにもかかわらず、あらたに弁才天の画像を描くようにと指示するのは、供養する対象の弁才天は画像ではなかったことになる。壇の上に置かれていたのはあくまでも世尊の像のみであったか、弁才天の像であったとしても、画像で描いた姿とはほど遠く、細かい特徴までは表現されていない像であったのであろう。

さらに気になるのは、その最後の手段である弁才天の画像について、まったく具体的な説明がここにはないことである。一般的な密教の儀軌であれば、壇を築いて、そこに仏像や仏画を安置するときには、「壇像法」とか「画像法」のような内容が含まれ、具体的な尊容が解説される。孔雀明王や准胝の場合もそうであった。そうでなければ、どのように弁才天を描いてよいのか、わからなかったはずである。

通常あるはずのこのような情報が、ここには登場しないのは、この儀礼次第を説いた箇所に続く弁才天への讃嘆の内容に、そのような情報が含まれているからであろう。ここでその内容を先取りして示してしまうと、場合によっては、矛盾や齟齬が生じることもある。ここで説かれる弁才天のイメージと、後に続く讃嘆の中のイメージが異なるような場合がそれにあたる。どちらを削除するかと考えたときに、こちらが選ばれたのであろう。

6　恐ろしき女神としての弁才天

特異な讃嘆文

その弁才天への讃嘆の段落である。この部分も、すでに述べたように『金光明最勝王経』になってはじめて登場する箇所であるが、それに続いて『合部本』やサンスクリット本にすでに見られた讃嘆の偈頌が現れる。どちらも讃嘆なので連続するように見えるが、本来は別々に成立している。便宜上、前者を「新たな讃嘆」、後者を「もとからの讃嘆」と呼ぶことにしよう。

「新たな讃嘆」は二一の偈頌からなるが、その内容はきわめて特異である。冒頭から「世界の中において自在である天女ナーラーヤニーに敬礼する」とある。ナーラーヤニーとはヴィシュヌの異名であるナーラーヤナの女性形で、その妻のことである。弁才天への讃嘆であるのに、その名称がヒンドゥー教の至高神であるヴィシュヌの妻への呼びかけになっているのである。

以下、この女神がいかに優れているかが縷々述べられる。すなわち、母となって世界を生み出し、勇猛にして、つねに大いなる精進を実践している。戦争においては必ず勝ち、美しさと醜さを兼ね備えて、その目は彼女を見る者を怖じけさせる。

ここで示されている美醜を兼ねそなえることや、見る者をその目で震え上がらせるという特徴は、日本の弁才天の特徴が紹介されるときにも登場し、弁才天が単なる美しいだけの女神ではなく、恐ろしさも兼ねそなえた神であることの根拠となっている。ただし、それは『金光明最勝王経』にのみ含まれる情報である。

讃嘆の偈はさらに続く。この女神は山の奥深く険しいところ、洞窟、川辺、あるいは叢林の中に住する。孔雀の羽で幢旗を作り、いつも世界を守っている。獅子、虎、狼につねに囲まれ、牛、羊、鶏も近くにいる。大きな鈴鐸を握って大音声を出して、ヴィンドゥヤ山の人たちもその響きを聞く。ヴィンドゥヤ山というのは、インド中部に実在する山脈名で、そこがこの女神の本拠地であることがわかる。

手には三叉戟《さんさげき》を持って、髪は丸く結い上げ、左右にはつねに太陽と月の旗を持つ。ヴァースデーヴァの妹として姿を表し、戦闘があるのを見て、いつも心に憐れみをもつ。「牧牛歓喜女」となって現れ、天と戦うときにはつねに勝利をおさめる。

ここでも再びヒンドゥー教の神の名が現れる。ヴァースデーヴァというのはクリシュナの異名で、クリシュナ自身はヴィシュヌの化身（アヴァターラ）の一人でもある。あるときはヴィシュヌの妻、あるときはその化身であるクリシュナの妹ということになる。「牧牛歓喜女」というのもクリシュナと関連する。クリシュナの父の名の異称が「牧牛歓喜」（Gopananda）で、その家系の女性という意味を表す。

この後も女神に対する讃嘆の偈は続く。偉大なバラモンの四つのヴェーダの教えや呪術にはことごとく通じている。もろもろの天女たちが集会《しゅうえ》するときには必ず姿を現し、もろもろの龍神や夜叉の集団の中では、その上首となって調伏する等々である。

ヒンドゥー神話からの流入

「新たな讃嘆」の内容をかいつまんで紹介してきたが、ここからもわかるように、その内容は、それまでの弁才天の功徳や儀礼を説く部分とは明らかに異質である。とくに、すでにいくつか補足したように、そこで讃嘆されている女神は、仏教の女尊というよりは、ヒンドゥー教の神、とくにヴィシュヌと関連の深い女神を思わせる。ナーラーヤニー、ヴァースデーヴァの妹、牧牛歓喜女がそれである。その一方で、知恵や弁舌の仏という弁才天の性格は、そこにはまったく認められず、戦場においてはなばなしく戦い、つねに勝利をおさめる女神で、しかも美醜を兼ねそなえた容貌をもつ。

実は、この「新たな讃嘆」の部分は、『金光明最勝王経』の作者によるオリジナルではない。他の文献から流用した文章であることが、すでに明らかになっている。もとの文献とは、インドの有名な叙事詩『マハーバーラタ』と、その補遺文献である『ハリヴァンシャ』である。『金光明最勝王経』とこれらの文献との関係を明らかにした詳細な研究も発表されている(Ludvick 2006, 2007)。二つの文献の中では、とくに『ハリヴァンシャ』との共通点が多く、その文章に手を加えたり、順序を変更したりしているものの、それでも原型はよく保たれている。すでに見たように、いかにもヒンドゥー教の文献らしいフレーズが随所に認められるのはそのためである。

『マハーバーラタ』に見られる類似の文章は、第四巻「ヴィラータ・パルヴァン」という部分の第六五章と第六六章とのあいだにある。『マハーバーラタ』の重要な登場人物の一人ユディシュトラが、ヴィラータ王の宮廷に向かう場面であるが、ここに「ドゥルガー讃歌」(Durgāstava) という一節が現れる。名称どおり、ヒンドゥー教の女神ドゥルガーへの讃歌である。そこには「新たな讃嘆」と類似したフレーズがいくつも含まれる (長野 一九八八)。

このドゥルガー讃歌自体、『マハーバーラタ』への後世の付加部分と考えられている。そのため、現行の『マハーバーラタ』のサンスクリット校訂本では、この部分を本文には掲載せず、付録の形で紹介するにとどめる。したがって、『マハーバーラタ』の翻訳にも含まれない。現存する『マハーバーラタ』の写本には、このドゥルガー讃歌を欠くものも多いし、含まれてはいるが、内容がそれぞれ異なるいくつかの系統があることがわかっている。『金光明最勝王経』の経典作者が、この部分を含む『マハーバーラタ』を知っていたか、あるいは付加される前の独立した「ドゥルガー讃歌」の形で、その内容を参照したかは判断できないが、少なくとも、そのいずれかに接していたと考えるのが自然である。

クリシュナ神話

もう一方の『ハリヴァンシャ』からの影響はさらに顕著である。すでに述べたように、「新たな讃嘆」部分の多くの偈頌と類似の文章が同書には含まれる。『ハリヴァンシャ』は伝統的に『マハーバーラタ』の補遺文献に位置づけられるが、本来は独立した文献で、それだけでもきわめて長大な作品である。一貫したストーリーがあるのではなく、ヴィシュヌ神に対する神話や伝承、讃歌などが編纂されてできあがっている。『ハリヴァンシャ』のハリとはヴィシュヌのことで、ヴァンシャは家系などを意味し、「ヴィシュヌの系譜物語集」という意味である。『金光明最勝王経』の「新たな讃嘆」の部分は、『ハリヴァンシャ』第四七章に対応箇所が現れるが、ここでも現在、校訂本として出版されている『ハリヴァンシャ』のサンスクリット・テキストの本文には含まれない。『ハリヴァンシャ』のいくつかの写本にのみ見られる偈頌で、『マハーバーラタ』の場合と同じように、これも本文の附録の部分におさめられている。第一偈が「聖なる」(ārya) という語で始まるので、「聖なる讃歌」(Āryastava) という名称で呼ばれることもある。

『ハリヴァンシャ』第四七章は、クリシュナ誕生にまつわる神話が主題である。物語の詳細については省くが、その中で女神が重要な役割を果たす。ヴィシュヌの化身であるクリシュナと同時に誕生し、その身代わりとなって、いったんは悪魔によって殺されそうになるが、昇天して女神となってよみがえり、逆に悪魔を殺すことを予言する。このとき、生まれた女神の父親に当たるのが、「牛飼いのナンダ」すなわち「牧牛歓喜」であり、女神と同時に誕生したのがクリシュナすなわちヴァースデーヴァである。この知識がなければ、すでに紹介した「新たな讃嘆」の語句を理解することはできない。

ところで、『ハリヴァンシャ』の「聖なる讃歌」では、この女神はドゥルガーと呼ばれているが、『ハリヴァンシャ』そのものではこの名称は用いられない。後にドゥルガーは水牛の悪魔を殺す女神、すなわちマヒシャースラマルディニーとも同一視されるが、その名称もまだ現れない。『ハリヴァンシャ』で最も頻繁に用いられているのは、「ヴィンドゥヤ山に棲む女神」(Vindhyavāsinī) である。これも「新たな讃嘆」の中に対応する一節があった。さらに、野獣に囲まれて山に居住することも、『ハリヴァンシャ』の女神の讃歌の中で言及されている。この「ヴィンドゥヤ山に棲む女神」こそ、ドゥルガーやマヒシャースラマルディニーの祖型となる女神なのである(横地　一九九三)。

弁才天とは誰か

このように、『金光明最勝王経』の作者は、『マハーヴァーラタ』や『ハリヴァンシャ』を通してこの女神を知り、その讃歌をほとんど引用することで、弁才天の讃嘆部分を作り出したのである。『マハーバーラタ』も『ハリヴァンシャ』も、対応する箇所が一部の写本にのみ含まれることも興味深い。これらの写本を伝えた地域が、『金光明最勝王経』の編纂場所になるであろう。また、成立の順序は『ハリヴァンシャ』の「聖なる讃歌」の方が、『マハーバーラタ』の「ドゥルガー讃歌」よりも古いと推測され、『金光明最勝王経』はこれらの文献が出揃ってから編纂されたことになる。

『金光明最勝王経』の「新たな讃嘆」が、ヒンドゥー教の文献から、ほぼそのまま転用されていることは、驚くべきことである。この箇所に登場する女神の特徴が、それまでの部分の弁才天と明らかに異質であったことも説明がつく。とくに、「世界を生み出す母」とか「勇猛」、あるいは「戦場において常に勝つ」などの形容は、いずれもヒンドゥー教の「恐ろしき女神」であるドゥルガー(あるいはその前身の女神)にこそふさわしい。「その目は見る者を怖じけさせる」や「美醜を兼ねそなえる」などは、この女神以外にはありえないフレーズである。

単に、ヒンドゥー教の影響を受けたとか、その要素が入り込んでいるというくらいなら、他の仏教の仏でもめずらしくないが、ここでは、ドゥルガーがその名を伏せながら、そっくりそのまま弁才天のポジションを占めていることになる。

『金光明最勝王経』はすでに奈良時代に日本に伝わり、その後の日本の仏教に大きな影響を与えたことは、本章でも述べたとおりであるが、仏教の仏として千年以上、信仰されてきた弁才天が、実はドゥルガーだったのである。本書の主題である「仏教の女神」という枠組みそのものが崩れていく。

7　書き換えられるテキスト

食い違うイメージ

『金光明最勝王経』の弁才天への讃嘆のうち、この「新たな讃嘆」は、これまで述べてきたように、ドゥルガーに相当する女神への讃歌の転用であるが、もう一方の「もとからの讃嘆」

の部分はそれらには含まれない。サンスクリット本や『合部本』では、弁才天による儀礼の説明の箇所に連続して、この「もとからの讃嘆」があった。「新たな讃嘆」は、このあいだに割り込むように挿入されていた。

この「もとからの讃嘆」で形容される弁才天の姿は、「新たな讃嘆」に見られたドゥルガーのイメージは基本的に見られない。「容色は最も優れ、顔の愛らしい天女」で、「女人のうちで最も優れた最上の天女」であるとたたえられる。「肢体は見事に飾られ、眼は広く、福徳に輝き、智慧の美徳でよそおわれ、色とりどりにいとも美しい」。そして、「最上の無垢なる者」「蓮華のように輝く者」「眼美しい者」「不可思議な美徳で飾られた者」「月にたとえられる者」「智慧の蔵ある者」と、さまざまな称賛の言葉が次々と現れるが、そのいずれも美しさや徳あることを強調するばかりである。ドゥルガーの讃歌に見られた両義的な特徴、とくに恐ろしさに関する賛辞はひとつも含まれない。一般的な弁才天、すなわち優美な天女の姿以外の何者でもないのである（この段落の訳語は、中村　二〇〇四を用いた）。

ところが、これに続く箇所でそのイメージは一変する。この優美きわまりない姿をしている弁才天が、八臂を有し、その一つひとつの腕に武器を持っていることが説かれるからである。日本の弁才天の代表的な形式のひとつである『金光明経』所説の八臂の弁才天の姿であり、ここがその典拠となる部分である。この部分のみを見れば、そのイメージは「新たな讃嘆」の女神の姿、すなわちドゥルガーのそれとよく一致する。そこに見られる「美醜を兼ねそなえた」

女神の具体的な姿として、むしろ素直に受け取ることができる。たしかに、美しさは強調されるが、八本の腕に武器を持つことによって、戦闘神としての女神のイメージも、同時に兼ねそなえていると納得できてしまうのである。

ただし、これは『金光明最勝王経』のみを読んだ場合に限られる。実は、八臂を備え、その腕に武器を持つというくだりは、現存するテキストによって異なることが、該当箇所を比較することでわかる。やや煩瑣になるが、少し詳しく見ておこう。

おそらく、一番古い形態を示すのはサンスクリット本である。そこでは、先ほどの弁才天の美貌と福徳をたたえた文章に続いて、以下の文章が現れる（Nobel 1937: 111）。

「最上の獅子のごとき者よ、人間を乗り物（vāhana）とする者よ、宝石や珠玉で腕を飾った者よ」

ここでは、弁才天が八臂をそなえるとはひと言も説かれていないし、その腕に武器を持つともいっていない。手に持っているのは宝石や珠玉であり（文学的に「腕を飾る」というが、持物のことである）、優美な弁才天のイメージが、ここでもまだ保たれていることがわかる。

なお、「人を乗り物とする者」というのは異様な表現であるが、財宝神のクベーラ（毘沙門天）が人間の上に立つことから、この神の異名として知られている。足の下にいるのは実際は「ガナ」と呼ばれる矮人であるが、その姿は人間である。財宝神の性格をこの女神が備えていることにもとづく呼びかけで、福徳の女神にふさわしい呼称なのである。けっして、忿怒尊のように人間を踏みつけているわけではない。

このサンスクリット本の次に成立したのが、おそらくチベット語訳である。『金光明経』のチベット語訳テキストは、サンスクリット本から翻訳したものが二種（北京版西蔵大蔵経、一七五番、一七六番）と、『金光明最勝王経』から翻訳したものが一種（同、一七四番）と、合計三種ある。このうち、最後のひとつは義浄訳に当然一致するので、比較の対象から外すが、あとの二種は、ひとつ（一七六番）がサンスクリット本に、もうひとつ（一七五番）が『金光明最勝王経』に近い内容を示す。ただし、いずれも正確には一致しない。これは、両者がもとづいたサンスクリット写本が、現存するサンスクリット本と、義浄が『金光明最勝王経』の翻訳に用いたサンスクリット本とのあいだに位置するからである。少しずつ、テキストが変化する過程が、これらの現存するテキストから読み取れるのである。

チベット語訳のうち、現存するサンスクリット本に近い方では、はじめの「最上の獅子のごとき者よ、人を乗り物とする者よ」の部分はサンスクリット本と同じであるが、次の「宝石や珠玉で腕を飾った者よ」のところが「八臂によって飾られた者よ」にすり替わっている。ここではじめて、腕の数が八本と明記されるようになり、優美な天女から戦闘神である美しき女神に置き換わったことがわかる。ただし、八本の腕の持物についての言及はない。その点で、『金光明最勝王経』との関係には、まだ距離があることになる。なお、『合部本』もこのチベット語訳テキストに近い読みを示すが、若干異なるため、あらためて取りあげる。

もうひとつのチベット語訳は『金光明最勝王経』に一番近い。「最上の獅子のごとき者よ、人を乗り物とする者よ、八臂によって飾られた者よ」と続き、これに加えて、八臂の持物のすべてを列挙する。その内容は『金光明最勝王経』と完全に一致する。

こうして、おそらく一番新しいと考えられる『金光明最勝王経』の文ができあがることになるのであるが、そこには、これまでのテキストに見られた語句が一箇所だけ欠けている。「人を乗り物とする者よ」という文である。『金光明最勝王経』では、そこが「猶、獅子の獣の中の上たるがごとし」となっている。「最上の獅子のごとき者よ」とほとんど同じ意味であるが、「人を乗り物とする者よ」が不注意で抜けてしまったとは思えない。

この部分は偈頌すなわち定型詩であるため、詩の形を維持するためには「人を乗り物とする者よ」(naravāhanīya) と同じ長さの語がなければならない。おそらく「獣の中の」という語句に相当するサンスクリット語がそれに相当するのであろう。それは、経典編纂者による意図的な改変であったと考えられる。

そのヒントとなるのが『合部本』である。同経の該当箇所は、これまでのいずれのテキストにも一致しない。一番近いのは、すでに述べたように、チベット語訳の二種のテキストのうちのはじめに取り上げた方であるが、それとも一部一致しない。そこは以下のようになっている。

「獅子の上に乗り、人の姿を現し、体には八臂をそなえ、身体を荘厳する」

これまでのテキストになかった「獅子の上に乗り、人の姿を現す」という記述が現れ、それに伴って「最上の獅子のごとき者よ、人を乗り物とする者よ」という文章が姿を消す。両者はよく似た文章であるが、意味はまったく異なる。おそらく、もとの文章に少し手を加えることでできあがったのであろう。

両者の顕著な違いは乗り物にある。財宝神のイメージに近い「人を乗り物とする者よ」から、獅子を乗り物とする女神へと大きく姿を変えている。「人の姿を現す」は、ほとんど意味がない語で、定型詩の形を維持するために、おそらく「人を乗り物とする者よ」を利用した「埋め草」のようなフレーズであろう。

財宝神から戦闘神へ

ここにはじめて登場する「獅子を乗り物とする女神」は、いうまでもなくドゥルガーやマヒシャースラマルディニーの姿そのものである。この女神のイメージは本書でもたびたび紹介してきたが、多臂をそなえ、獅子に乗り、水牛の悪魔を殺すというのが基本である。それに近い姿が、堂々と仏教の経典に説かれているのである。おそらく『合部本』のもととなったサンスクリット・テキストを編纂した者は、弁才天の位置を奪ったドゥルガーの像を前提にして、この一節に手を加えたのであろう。これに続く文では「八臂で身体を飾る」とだけ説かれ、個々の持物についての言及はないが、当然、戦闘神としてのドゥルガーが持つ武器に近い持物を手にしていたはずである。

『合部本』よりも遅れる『金光明最勝王経』では、美と福徳の女神であった弁才天のイメージは、戦闘神であるドゥルガーに置き換わっている。そこでは、人を乗り物とする財宝神のイメージは完全に払拭されていたであろう。ただし、そこには『合部本』の説く「獅子の上に乗る」以下の文章も含まれないことから、両者は微妙に系統の異なるテキストであったと考えられる。戦闘神のイメージにはふさわしくない「人を乗り物とする者よ」を削除した後の処理の方法が、両者で異なっているからである。

ドゥルガーやマヒシャースラマルディニーが獅子に乗ることは、ヒンドゥー教の図像学では常識として知られているが、はじめからそのような図像が確立していたのではないことも明らかにされている。獅子に乗ることの典拠は、水牛を殺す女神を説く神話『デーヴィーマーハートミヤ』が成立してからであるが、それ以前の女神は必ずしも獅子に乗らない。とくに、「ヴィンドゥヤ山に棲む女神」の段階の女神は、水牛の悪魔を殺すという神話とも結びついておらず、乗り物の獅子も登場しない（横地　一九九三）。

このことは現存するドゥルガーの作例からも裏付けられる。ドゥルガーの古い作例には、獅子に乗らず直立した像などがある。とくに南インドはこのような形式が好まれ、多くの作例が遺る。タミルナードゥ州タンジョールの王宮博物館のドゥルガー像はその代表例のひとつで、水牛の頭を踏んで、やや右足を浮かせるように立つ（図5－13）。そして、腕の数は、後世のドゥルガーのように十臂や十二臂ではなく、八臂である。弁才天と入れ替わった『金光明最勝王

図 5-13　ドゥルガー
タンジョール王宮博物館

経』のドゥルガーが、八臂をもつと説かれていたことと見事に一致する。しかも、その手に持つ武器は、弓矢、輪、棒などで、これもほとんど共通する。獅子に乗る前の八臂のドゥルガー像を弁才天として祀り、仏教徒たちが儀礼を行っていたことが、現存する作品から想定されるのである。

さらに、『金光明経』の各本の中で、「新たな讃嘆」の部分が挿入されるよりも、八臂の弁才天が登場する方がはやいことも注目される。八臂の弁才天は曇無讖訳の『四巻本金光明経』を除けば、すべてのテキストに現れたが、それに対し、「新たな讃嘆」の部分を含むのは『金光明最勝王経』のみである。おそらく、弁才天の儀礼を行うときに、ドゥルガー像を用い、それよりも遅れて、ドゥルガーに対する讃嘆文を『マハーバーラタ』や『ハリヴァンシャ』から引用して、経典として整えたのであろう。

8　宇賀弁才天ができるまで

天女・老人・蛇

前節までは、弁才天を説く『金光明経』から、その出現の背景をたどってきた。八臂の弁才天は、一般に知られている二臂像とはまったく異なり、本来は弁才天ではなく、ヒンドゥー教の女神ドゥルガーもしくはその前身となる女神が、そのまま仏教の仏として信仰されてきたことがわかった。仏教美術の入門書などでは、四系統の弁才天を説明することが中心であるが、それほど簡単に片付けるわけにはいかないであろう。八臂の弁才天像が生まれるまでのプロセスは、そのままインド世界の宗教文化の世界を映し出している。そこには仏教とヒンドゥー教といった宗教の違いは明確ではない。『金光明経』の弁才天という切り口から、幾層にも積み重ねられた文化の地層のようなものが浮かび上がってくるのである。

これに対して、日本の弁才天の三つ目のタイプである宇賀弁才天は、それほど視野を広げなくてもよさそうである。基本的な形式は『金光明最勝王経』の八臂の弁才天を受け継いでいるようで、臂数や持物もほとんど変わらない。ただし、八臂の弁才天の持物のうち、斧と羂索にかわって宝珠と鑰が登場する。新たに加わったこのふたつの持物は、いずれも財宝と関連することから、食物神と考えられている宇賀神にふさわしい持物に変えられたと推測される。鑰とは鍵のことで、とくに公的な食物貯蔵のための倉の鍵を指す。租税で納められた米などを貯蔵しておく倉庫で、まさに当時の財政基盤となるものである。また、長杵にかわって宝棒があげられることも多いが、これも武器と考えられる長杵よりも、宝の棒の方が宇賀神にふさわしい持物と考えられたのであろう。

宇賀弁才天の特徴で、これらの持物よりもはるかに重要なのは、頭の上に置かれた宇賀神である。白蛇の胴体をもち、その頭の部分が老人の姿をしている。宇賀弁才天の典拠となる経典は、すでに述べたように、『宇賀耶頓得如意宝珠陀羅尼経』であるが、そこでも宇賀弁才天は「天女の姿をして、頭上に宝冠があり、冠の中には白蛇がいて、その蛇の顔が老人のように眉が白い」と説明されている。老人であるため、眉が白いのもわかるが、実際の作品では眉は小さすぎてあまり目立たず、むしろ、白いあごひげをたくわえていることの方が、老人らしさをよく示している。

このように、宇賀弁才天は天女の姿に白蛇を加え、さらにその頭部が老人の姿をとる。これは経典の記載どおりで、何も問題がないように思われるが、はたしてそうであろうか。

そもそも、なぜこの二人が合体しているのであろう。宇賀神は宇賀弁才天以外には、その姿を単独で表した作例は知られていない。経典に「白蛇の胴体をして、頭が老人の姿」と説明されているからというのは理由にならない。宇賀神が単独で信仰され、像も残され、そのイメージが弁才天と組み合わされていれば、まだ話はわかるが、突然、宇賀弁才天の頭部に出現した、この得体の知れない蛇のお化けのようなものを、「宇賀神である」といわれても、その是非を判断する根拠がないのである。ここでも、図像の起源を他の作品に求めるべきであろう。

吉祥天あるいは功徳天

図 5-14　千手観音　御室版胎蔵界曼荼羅

仏教美術で、美女と老人がセットで現れる作品はそれほど多くない。その中で、ほとんど唯一の例が、千手観音の脇侍に登場する功徳天と婆藪仙《ばすせん》である。千手観音の作品で脇侍や眷属となるほか、胎蔵曼荼羅の虚空蔵院にも、千手観音の脇に小さくこの二人がいる（図5-14）。

功徳天は吉祥天のことで、インドではラクシュミーと呼ばれる。ヴィシュヌの妻と見なされることもあり、シュリーという名称でも知られている。シュリーもラクシュミーも吉祥、幸福、繁栄などを意味する語で、そのままこの女神の性格を表している。インドの神々の中でも起源が古く、ヴェーダ文献の時代から信仰され、仏教でも初期の図像から現れる。蓮の上にいるラクシュミーに、その左右から二頭の像が水をかける「ガジャラクシュミー」と呼ばれる図像は、バールフットやサーンチーから出土した遺物の中に見ることができる（図5-15）。

ちなみに、この形式は、海を越えて日本にも伝わり、別尊曼荼羅のひとつ「吉祥天曼荼羅」

図5-15　ガジャラクシュミー　バールフット

の名で、いくつかの作品が知られている（図5-16）。

日本に吉祥天が伝えられたのは、弁才天と同様、奈良時代のことで、やはり『金光明経』に説かれる吉祥天と考えられる。ただし、この経典では吉祥天ではなく功徳天と呼ばれている。薬師寺所蔵の国宝吉祥天画像がつとに知られているが、奈良時代にさかのぼる遺例は、この作品と東大寺法華堂の塑像くらいしか残されていない。しかも、法華堂の塑像は当初の像の姿をどれだけとどめているか定かではない。功徳天の尊容は『金光明経』では説かれず、その他の経典にも典拠を求めることができないが、日本で作られた吉祥天像はおおむねこれらの作品のイメージを受け継いでいたようで、左手に宝珠、右手は与願印を示す天女の像が一般的である。

吉祥天像としては、この他、浄瑠璃寺の彫像も有名で、この像を納めた厨子には、扉や周囲の板壁に『金光明経』に説かれるさまざまな仏たちの姿も描かれている。すでに述べたように、弁才天も厨子の後壁の中央に描かれ、正面から見れば、本尊の吉祥天と後壁の弁才天が、二重写しのようになっている。

図 5-16　吉祥天曼荼羅　大正蔵図像部

千手観音の眷属の一人として描かれる吉祥天は、功徳天と呼ばれるのが一般的であるが、その場合、これらの単独像や、あるいは吉祥天曼荼羅の中尊の吉祥天とも異なる姿で描かれる。ポイントとなるのは持物で、花を捧げることが一般的である。花を満載にしたお盆のような器を左手に持ち、右手は施無畏印を示すことが多いが、両手で器を捧げることもある。いずれも、捧げる対象は中尊の千手観音で、吉祥天がその眷属であることのわかりやすい表現である。

千手観音二十八部衆

この功徳天は千手観音の右側に立つことが多いが、その反対側に位置するのが婆藪仙である。おおむね、婆藪仙は杖をついた老人の姿で表され、長く白いあごひげを伸ばしているのが特徴である。功徳天と婆藪仙の二尊を脇侍のように伴う千手観音の作例も多いが、この二人を含む二十八部衆を伴った千手観音がよく知られている。そこでもこの二尊は、二十八部衆が並ぶ最前列に位置し、つねに対になっていることがわかる（図5–17）。

千手観音と二十八部衆の最も有名な作例は、京都の妙法院、いわゆる三十三間堂の像であろう。実は、日本の二十八部衆像は、ほとんどがこの妙法院の作品の影響を受けていたことが、過去の研究によって明らかにされている（伊東 一九九七）。三十三間堂は千体にも及ぶ観音像が整然と並ぶイメージが強いが、その中央には巨大な千手観音が中尊として安置されている。その中尊の眷属として、二十八部衆も制作されたのである。かつては本堂裏側の通路にならべ

図5–17　千手観音二十八部衆　六角堂能満院

られていたが、現在では、正面の千体仏の前に等間隔でならべられ、観光客からも見えやすい位置にある。この状態が本来の置き方なのであろう。

千手観音と二十八部衆を描いた絵画も多く、東京国立博物館の作例などが有名であるが、妙法院の千体仏にも、それぞれの胎内に千手観音二十八部衆の版画が収められている。このお堂の中には、幾重にも千手観音と二十八部衆が取り巻いているのである。

功徳天の方は吉祥天のことなので、その起源はたどりやすいが、もう一方の婆藪仙（図5-18）はよくわからない。仏教事典として著名な『望月仏教事典』では、婆藪仙は「ヴァシシュタ」（Vasiṣṭha）という聖仙をその起源として紹介するが、このサンスクリット名から「婆藪」という名称を導くことはむずかしい。他の仏教事典には、ヴァスデーヴァと関係があることを指摘するものもある（織田得能『仏教事典』）。

ヴァスデーヴァは、すでに取りあげたクリシュナの異称のヴァースデーヴァに近い。というよりも、クリ

図 5-18　婆藪仙　提供：妙法院

シュナがヴァースデーヴァと呼ばれるのは、その父がヴァスデーヴァだからである。「ヴァスデーヴァの子」という意味の派生語がヴァースデーヴァである。ヴァスデーヴァは聖仙ではないが、クリシュナの父であるから老成した男性のイメージで表してもおかしくない。婆藪仙の起源がクリシュナの父であるとしたら、前節でみた『金光明最勝王経』の弁才天と共通の基盤をもつことになり興味深い。

功徳天と弁才天の交替

宇賀弁才天に戻るが、白いあごひげをたくわえた宇賀神の姿が、この婆藪仙から来ているではないかと考えられる。千手観音の代表的な眷属である功徳天と婆藪仙を組み合わせれば、ちょうど宇賀神を頭に載せた宇賀弁才天ができあがるからである。

しかし、肝心なところで、この仮説は反論されるかもしれない。千手観音の眷属の女性は功徳天、すなわち吉祥天であって、弁才天ではないからである。功徳天と婆藪仙は結びつけられても、それは弁才天とは関係がないのではということである。

しかし、この反論を退ける格好の素材がある。それは、日本国内の作品ではなく、中国の敦煌から見つかっている。

千手観音を眷属とともに描くのは、日本で考え出されたのではなく、中国においてである。シルクロードの有名な遺跡である敦煌からは、このタイプの千手観音像の作例が多数見つかっ

図5−19　千手千眼観音坐像　ギメ博物館

ている（図5−19）。そこに描かれている眷属は、日本のように二尊、あるいは二十八部衆全員といった形式にはまだ整っていないが、必ず含まれるのが婆藪仙（図5−20）とこの功徳天（図5−21）なのである。そこでも、この二尊は対になるように、左右に分かれて、他の眷属の先頭に立つ。左右の関係も、千手観音から見て右が功徳天、左が婆藪仙である。

これだけであれば、日本の千手観音と変わらないが、注目すべきことに、敦煌の千手観音の作例の中には、盛り花を手にした功徳天と思われる女性に「大弁才天女」という名称が書き添えられているものがある。フランスのギメ美術館にあるペリオ・コレクションの作品などが知られており（図5−22・23）、どうも、敦煌では功徳天と弁才天が交代可能あるいは同一視されていたらしい。

図 5–20　婆藪仙（図 5–19 の部分）

図 5–21　功徳天（図 5–19 の部分）

このことは、中国だけの現象ではない。日本で描かれた図像集には、弁才天の白描として、盛り花を持った女性の姿を描いたものがある。明らかに功徳天でありながら、それを弁才天と呼んでいるのである。さらに、二十八部衆の眷属の名があげられるとき、該当する女性が「功徳天」ではなく「大弁功徳天女」と呼ばれることも重要である。この名称は、二十八部衆をはじめて説いた善無畏の『千手観音造次第法儀軌』には含まれず、日本で作られた儀軌類になってはじめて現れる。「大弁才天」と「功徳天女」がひとつになっていることは明らかである。しかも、その尊容は、妙法院像を例にとれば、かつては右手に剣を構え、左手に宝珠を持っていたと考えられる（図5–24）。剣は弁才天の、宝珠は功徳天の持物であった。宇賀弁才天になって新たに登場する持物も宝珠である。宝珠は

▲図 5-23　弁才天
（図 5-22 の部分）

▶図 5-22　千手千眼観音坐像
ギメ博物館

宇賀弁才天のその他の持物である宝棒や鑰と同様に、財宝のシンボルとして前に紹介したが、吉祥天の代表的な持物であることも、そこから読み取るべきであろう。

頭に蛇を載せた眷属

これまでのところで説明できていなかった宇賀神の胴体の白蛇はどこから来たのであろうか。これも、千手観音の眷属にその姿を見ることができる。二十八部衆の中に頭に蛇を載せた神が、しっかり登場するのである。摩睺羅伽《まごらが》である（図5-25）。

摩睺羅伽の頭の上に載る蛇は、宇賀弁才天の頭の上の宇賀神と同

図 5-24　大弁功徳天　提供：妙法院

図 5-25　摩睺羅伽　提供：妙法院

様、とぐろを巻いて鎌首をもたげている。頭部は老人の姿はしていないが、老人である婆藪仙と組み合わされる前なのであるから、蛇のままで当然である。

摩睺羅伽というのは、サンスクリット語の「マハーウラガ（マホーラガ）」の音写で、大きな蛇、すなわち大蛇である。「ウラガ」というのは「腹ばいで進むもの」というのが本来の名称で、蛇の異名としてよく知られている。

摩睺羅伽は二十八部衆以外にも八部衆の一人にも含まれる。八部衆は興福寺の作例が有名で、とくに阿修羅像の人気が高いが、摩睺羅伽もその中にいる。二十八部衆が現れるのは、はやくとも平安時代の後期と推測されているので、それよりもずっと前から、日本では摩睺羅伽が知られていた。その起源はやはり中国で、敦煌莫高窟《ばっこうくつ》、安西楡林窟《ゆりんくつ》、麦積山石窟などからの作例があり、さらに朝鮮半島からも多くの遺例が報告されている。

これらの八部衆像の中に含まれる摩睺羅伽も、その出自や名称を反映して、頭部に蛇を戴く。しかし、その表現方法は、二十八部衆の摩睺羅伽と少し異なる。たとえば、興福寺の摩睺羅伽は、頭髪の中から蛇が斜め上方に突き出て、体の残りは、頭髪を一周した後、頭の後ろから肩に伸びて胸の前まで垂れ下がる。これに対し、妙法院の摩睺羅伽は、蛇が二重にわたってとぐろを巻き、それによって摩睺羅伽の頭髪はすっぽりその中に隠れてしまう。これは宇賀弁才天の頭に載った蛇の形とほとんど同じである。

そもそも、宇賀神という名称を「ウラガ」と結びつける解釈もある。「ウラガ」の真ん中の「ラ」の音が脱落すれば、そのまま「ウガ」（宇賀）になる。

妙法院像に代表される二十八部衆像の摩睺羅伽であるが、頭の蛇の表現以外にも、八部衆の摩睺羅伽と大きく異なる点がある。それは持物である。摩睺羅伽は大蛇が起源であることは、その名称からわかるが、それとはまったく関係のない持物を手にする。琵琶である。あの二臂の弁才天が手にしていた琵琶が、摩睺羅伽の手におさまり、弁才天と同じように、それを撥で弾く姿で表されているのである。

宇賀弁才天がこれら功徳天（大弁功徳天）、婆藪仙、摩睺羅伽の合体した姿であることは、何を意味しているのであろうか。単なる寄せ集めかもしれないが、彼らがすべて二十八部衆という同じグループのメンバーであることが重要なのではないか。この二十八部衆が主尊とする千手観音こそが、宇賀弁才天をとらえるためのカギになる。

9 「竹生島」の構造

能に託された意味

ここで竹生島に話を戻そう。竹生島は弁才天を祀った島として名高いが、もうひとつ重要な役割がある。西国三十三所のひとつ第三十番の札所である。宝厳寺がその名称であるが、弁才天を祀る都久夫須磨神社と一体となって信仰されてきた。神仏習合の霊場であって、弁才天と観音は同体と見なされる。そして、宝厳寺の観音は、いうまでもなく千手観音である。

本章のはじめに能の「竹生島」をとりあげ、そこで、この演目は竹生島の弁才天の物語として知られていると紹介した。参詣に訪れた廷臣の前に弁才天がその姿を現して舞い、宝珠を与えるという枠組みで解説されることも多い。しかし、それほど単純な話ではないようだ。

廷臣が琵琶湖の竹生島に渡ることを、輪廻からの救いに譬えているが、これは大乗仏教的な救済のイメージそのものである。救済するのは現世利益の神である弁才天よりも、慈悲の仏である観音の方がふさわしいし、実際、難破した人々を観音が救う物語もよく知られている。そもそも、竹生島に参詣に訪れると聞けば、そのご本尊である千手観音にお参りに行くと連想した人も多いであろう。

そこに現れたのが若い女性と老人である。話の筋書きを知っているものには、この女性が竹生島の弁才天で、老人が湖の主の龍神であることはわかりきったことであるが、それを知らずに、竹生島を千手観音の霊場と思う人には、千手観音の霊場からやってきた若い女性と老人は、むしろ功徳天と婆藪仙を連想したはずである。

しかし、物語は女性がみずからを弁才天であると名乗ることで、能を見ている人はその正体をはじめて知る。しかも、竹生島に祀られているのは、琵琶を持った二臂の弁才天ではなく、宇賀神を頭に載せた八臂の宇賀弁才天である。その宇賀神が老人の姿で現れたことにもここで気づく。同じ登場人物でありながら、二つの役割を果たし、しかも、それが巧みに仕組まれていることになる。

後半部では、この二人が再び登場して舞う。そして、宇賀神である老人は廷臣に宝珠を与える。宇賀弁才天も宝珠を持っていたが、本来は、これは吉祥天すなわち功徳天の持物であった。

そして、老人は舞い終えると天空に大蛇の姿となって拡がり、湖底の龍宮へと帰って行った。蛇の姿を取るのは、宇賀弁才天の宇賀神のイメージが蛇であるからであろうが、わざわざ「大蛇となって」と説明するのは、大蛇すなわち摩睺羅伽を意識しているようにも思われる。「竹生島」の作者は、この島の宇賀弁才天と千手観音という一体となった仏を解体したり、結びつけたり、さらにそれを重ね合わせることで、多様なイメージを自在に操りながら、竹生島という幽玄な舞台をこの世に出現させようとしたのであろう。

水辺に運ばれる像

最後に、その竹生島で今なお行われている蓮華会についても再びふれておこう。毎年、近郊の村落から頭人が選ばれ、八月に弁才天像を奉納する儀式である。作られるのは竹生島に祀られている弁才天、すなわち宇賀弁才天である。現在では、同じ弁才天像がくりかえし用いられていることも多いが、かつては毎年新たに像を作り、これを奉納していた。

インドにも同じような祭礼がある。インド各地で行われる有名なお祭である。毎年、神の像を町ごとに作り、それに礼拝供養した後、川や海に運び、水の中に奉納する。蓮華会の場合、水の中に入れるのではないが、琵琶湖の湖水をわたって竹生島に運ばれる。法要が終われば、本堂に祀られるのではなく、弁才天堂の後ろにあるお堂に収蔵された。ここには、昔からの弁才天像が今でも何十体と残っている。

インドのこの儀式はドゥルガープージャーという。『金光明最勝王経』に弁才天の名で登場した、あの美しく恐ろしい女神ドゥルガーである。そのドゥルガーに対するプージャー、すなわち供養の儀式がドゥルガープージャーである。町ごとに作られ、水の中に運ばれる像は、もちろんドゥルガーである。ドゥルガーと同じ姿の弁才天像にかかわる日本の儀式と、ドゥルガーそのものに対するインドの儀式が、不思議な符合を示しているのである。

あとがき

本書のタイトルは「仏教の女神たち」ですが、「女神」はどのように読まれるでしょうか。一般には「めがみ」ですが、「じょしん」と読む人もいるでしょう。私自身もその方がしっくりきます。しかし、これはかなり特殊な読み方のようです。専門的な仏教用語らしく聞こえるかもしれませんが、その場合、「じょしん」よりも「にょしん」か「にょじん」の方が正しい読み方でしょう。「女人」は「にょにん」ですし、「女体」は「にょたい」ですから。

仏教のほとけのグループ名としては、「女神」よりも「女尊」のほうがふさわしいという指摘もあるかもしれません。この分野の研究ではよく登場します。私も過去の論文や著作において、この用語を頻繁に用いてきました。むしろ、「女神」はこれまではほとんど使いませんでした。「女神」というと、どうしても仏教以外の神話に登場する女性の神をイメージしてしまうからです。インドでも、仏教ならば女尊、ヒンドゥー教では女神と使い分けてきました。

しかし、ためしに「大正新脩大蔵経テキストデータベース」(http://21dzk.l.u-tokyo.ac.jp/SAT/)で「女尊」と「女神」を検索すると、意外な結果になります。そこでは、「女尊」という用語はまったくヒットせず、逆に「女神」に九〇近い用例があるのです。その中には、本書でも取りあげた『不空羂索神変真言経』や『金光明最勝王経』も含まれます。「女尊」はけっして伝統的な仏教用語ではなく、むしろ「女神」の方が好んで使われていたのです。

女性のほとけたちをまとめて呼ぶ語が決まっていないのは、そのまま、このグループのほとけたちに対して、包括的に見る視点がこれまで存在しなかったことの表れでしょう。

実際に仏教の文献をひもとくと、数多くの女神たちが登場します。意外にもそれらをまとめてあつかった研究は、これまでほとんどありませんでした。本書はその中から、最も重要と考えられる六尊（五護陀羅尼を含めれば十尊）の女神を取りあげ、できる限り詳細な考察を行いました。

当初、本書の構想を練っていた段階では、仏教の女神たちに関する一種の百科事典のようなものも考えていました。実際、二〇を超える女神のリストを作成し、それぞれに割り振った頁数まで計算していました。結果としては、全体量はほぼそのとおりになりましたが、取りあげた女神の数は半数以下です。重要な女神を掘り下げていくうちに、それぞれに予定していた枚数をはるかに超過したためです。

当初の予定どおりには進みませんでしたが、結果としてはよかったと思っています。取りあげる女神の数が増えても、その考察が中途半端に終われば、既存の研究のパッチワークにしかならなかったでしょう。女神に限らず、特定のほとけについて何かまとまった記述をしようとすれば、最低でもこれくらいの量は必要なのです。

本書で取りあげたそれぞれの女神について、今後、何か論じるときには、そのスタートラインになるくらいの情報は提供できたと思います。もちろん、その評価をするのは筆者ではなく、この本を手にとってくださる方たちなのですが。

本書の図版掲載にあたっては、加藤敬先生、京都国立博物館、高野山霊宝館、専称寺、東京芸術大学、東京国立博物館、大法寺、奈良国立博物館、仁和寺、細見美術館、妙政寺、妙法院、六角堂満能院（五十音順）の皆様に御高配を賜りました。記して謝意を表します。

本書は企画の段階から、春秋社編集部の桑村正純氏のお世話になりました。なかなか予定通りには原稿をお渡しできず、心苦しい日が続きました。辛抱強く待っていただいたことに、心より感謝申し上げます。

二〇一七年三月

森 雅秀

351-382.
Mori, M & Y. Mori. 1995. *The Devīmāhātmya Paintings Preserved at the National Archives, Kathmandu*. Bibliotheca Codicum Asiaticorum No. 9, Tokyo: The Centre for East Asian Cultural Studies for Unesco.
Nobel, J. 1937. *Suvarṇaprabhāsottamasūtra: Das Goldglanz-sūtra, Ein Sanskrittext des Mahāyāna Buddhismus*. Leipzig: Otto Harasowitz.
Pal, Pratapaditya. 1974. *The Arts of Nepal. Part 1* (*Sculpture*). Leiden: E. J. Brill.
Skilling, P. 1992. The Rakṣā Literature of the Śrāvarayāna. *Journal of the Pali Text Society* 16: 109-182.
Skilling, P. 1994. *Mahāsūtra: Great Discourses of the Buddha*, Vol. 1. Oxford: Pali Text Society.
Wayman, Alex. 1959. The Twenty-one Praises of Tārā, A Syncretism of Śaivism and Buddhism. *Journal of Bengal Research Society* 45 (1-4): 36-43.

横地優子　1993　「Devīmāhātmya における戦闘女神の成立」『東洋文化』73: 87-120
頼富本宏　1984　「八難救済ターラー考」『インド古典研究』6: 423-442
頼富本宏・下泉全暁　1994　『密教仏像図典―インドと日本のほとけたち』人文書院
『神の斎く島のメモリー　竹生島』滋賀県びわ町観光協会（発行年不明）
『特別展　コルカタ・インド博物館所蔵　インドの仏　仏教美術の源流』東京国立博物館、2015

［欧 文］

Allinger, Eva. 1999. The Green Tara as Savaiouress from the Eight Dangers in the Sumtsek at Alchi. *Orientations* 30（1）: 40-44.
Bhattacharyya, Benoytosh. 1968（1958）. *The Indian Buddhist Iconography Mainly Based on the Sādhanamālā and Other Cognate Tantric Texts of Rituals*. 2nd ed. Calcutta: K. L. Mukhopadhyay.
Bhattacharyya, Benoytosh. 1968（1925）. *Sādhanamālā*, 2 vols. G.O.S. Nos. 26, 41. Baroda: Oriental Institute.
Bhattacharyya, Benoytosh. 1972（1949）. *Niṣpannayogāvalī of Mahāpaṇḍita Abhayākaragupta*. G.O.S. No. 109. Baroda: Oriental Institute.
Blom, Margriet. L. B. 1989. *Depicted Deities: Painters' Model Books in Nepal*. Groningen Oriental Studies, Vol. 4. Groningen: Egbert Forsten.
Bühnemann, Gudrun. 2000. *The Iconography of Hindu Tantric Deities*, Vol. 1, The Pantheon of the Mantramahodadhi. Groningen: Egbert Forsten.
Ludvik, Catherine. 2006. *Recontextualizing the Praises of a Goddess: From the Harivaṃśa to Yijing's Chinese Translation of the Sutra of Golden Light*. Kyoto: Scuola Italiana di Studi sull'Asia Orientale.
Ludvik, Catherine. 2007. *Sarasvati Riverine Goddess of Knowledge: From the Manuscript-carrying Vina-player to the Weapon-wielding Defender of the Dharma.* Brill's Ingological Library. Leiden E. J. Brill.
Mevissen, Gerd. J. R. 1989. Studies in Pañcarakṣā Manuscript Painting. *Berliner Indologische Studien* 4/5: 339-374.
Mevissen, Gerd. J. R. 1990. The Indian Connection: Images of Deified Spells in the Arts of Northern Buddhism, Part I. *Silk Road Art and Archaeology* 1: 227-246.
Mevissen, Gerd. J. R. 1991/1992. The Indian Connection: Images of Deified Spells in the Arts of Northern Buddhism, Part II. *Silk Road Art and Archaeology* 2:

中村　元　2004　『現代語訳　大乗仏典 6　密教経典・他』東京書籍
長野禎子　1988　「『金光明経』における「弁才天」の性格」『印度学仏教学研究』36 (2): 716-720
名取玄喜　2013　「『金光明経』」『初期密教―思想・信仰・文化』高橋尚夫他編、春秋社、pp. 34-44
西口順子　1989　「王朝仏教における女人救済の論理―出産の修法と後生の教説」『仏教と日本人　8　性と身分』春秋社、pp. 129-168
根立研介　1992　『日本の美術　No. 317　吉祥・弁才天像』至文堂
橋村愛子　2013　『マハーマーユーリーの図像学的研究』(学位請求論文、金沢大学大学院)
林　温　1986　「旧浄瑠璃寺吉祥天厨子絵諸尊をめぐる問題」『仏教芸術』169: 49-83
増記隆介　2008　『日本の美術　No. 508　孔雀明王像』至文堂
松浦　清　1990　「二竜王が蓮華座を捧持する准胝観音像について：大阪個人蔵本をめぐって」『大阪市立博物館研究紀要』22: 1-26
松嶋雅人　2002　「新出　元亀二年銘の長谷川信春筆　鬼子母神十羅刹女像」『Museum』581:5-16
水谷真成（訳注）　1999　『大唐西域記 2』(東洋文庫 655) 平凡社
壬生台舜　1987　『仏典講座 13　金光明経』大蔵出版
宮坂宥勝　1981　「Hārītī 考」『勝又俊教博士古稀記念論集　大乗仏教から密教へ』春秋社、pp. 365-384
宮崎英修編　1985　『民衆宗教史叢書第九巻　鬼子母神信仰』雄山閣出版社
森　雅秀　2001　『インド密教の仏たち』春秋社
森　雅秀　2011　『エロスとグロテスクの仏教美術』春秋社
森　雅秀　2015　「般若波羅蜜の図像学」『般若経大全』小峰彌彦他編、春秋社、pp. 429-448
森　雅秀　2017　『密教美術の図像学』法藏館
森　喜子　1993　「パーラ朝のターラーに関する図像的考察：三尊形式を中心として」『宮坂宥勝博士古稀記念論文集インド学密教学研究』法蔵館、pp. 827-848
八尾　史　2013　『根本説一切有部律薬事』連合出版
山折哲雄　1961　「叙事詩（ラーマーヤナ）にみえるターラー妃」『印度学仏教学研究』9 (1): 176-179
山田耕二　1979　「インドの観音諸難救済図」『仏教芸術』125: 48-64
山本ひろ子　1998　『異神　日本中世の秘教的世界』平凡社

参 考 文 献

［和 文］

浅井和春　1998　『日本の美術　No. 382　不空羂索・准胝観音像』至文堂

石田尚豊　1975　『曼荼羅の研究』東京美術

伊東史朗　1997　『日本の美術　No. 379　八部衆・二十八部衆』至文堂

岩本　裕　1975　『密教経典』〔仏教聖典選第 7 巻〕読売新聞社

大塚伸夫　2013　『インド初期密教成立過程の研究』春秋社

上村勝彦　1989　「准提観音の起源」『東方』5: 29-36

金岡秀友　1981　「鬼子母神経典群の成立過程」『菩薩思想』大東出版社、pp. 151-171

倉西憲一　2013　「『孔雀王呪経』」「『パンチャラクシャー』（五つの守護呪）」『初期密教—思想・信仰・文化』高橋尚夫他編、春秋社、pp. 148-165

小林太市郎　1943　「童子経法及び童子経曼荼羅」『密教研究』84: 1-57

佐久間留理子　2015　『観音菩薩—変幻自在な姿をとる救済者』春秋社

桜井宗信　2000　「Mṛtyuvañcana-Tārā とその成就法」『密教学研究』32: 1-14

佐和隆研　1962　『仏像図典』吉川弘文館

高橋　明　2015　「インド映画に降る雨は（全 10 回）」『春秋』565-574（各号表紙見返し）

高橋尚夫他編　2013　『初期密教—思想・信仰・文化』春秋社

田崎國彦　1993　「13 世紀はじめのブッダ・ガヤー［資料編］：ダルマスヴァーミン『インド巡礼記』第 4・5 章訳注」『東洋学研究』30: 69-88

田中公明　1990　『詳解河口慧海コレクション：チベット・ネパール仏教美術』佼成出版社

田中公明　1998　「インド・チベット・ネパールの不空羂索観音」『日本の美術　不空羂索観音』至文堂、pp. 86-98

田辺勝美　2011　「インド亜大陸のハーリーティー＝鬼子母神像：出現と天界　現世利益の授与」吉田敦彦・松村一男編著『アジア女神大全』青土社、pp. 309-326

田辺勝美　1999　「鬼子母神と石榴：研究の新視点」『大和文華』101: 32-41

辻直四郎　1970　『リグ・ヴェーダ賛歌』（岩波文庫）岩波書店

栂尾祥瑞　1986　『チベット・ネパールの仏教絵画』臨川書店

トレンソン、S.　2016　『祈雨・宝珠・龍：中世真言密教の深層』京都大学学術出版会

【著者紹介】
森　雅秀（もり まさひで）
1962年、滋賀県生まれ。1994年、ロンドン大学大学院修了。Ph.D.（ロンドン大学、1997）。名古屋大学文学部助手、高野山大学文学部助教授等を経て、現在、金沢大学教授。専門はインド・チベットの仏教文化史、比較文化研究。著書に『マンダラの密教儀礼』『インド密教の仏たち』『エロスとグロテスクの仏教美術』『マンダラ事典』（いずれも春秋社）、『大日如来の世界』『インド後期密教〔上・下〕』（共著、春秋社）、『生と死からはじめるマンダラ入門』（法藏館）、『仏のイメージを読む』（大法輪閣）など。訳書にM・ブラウエン『曼荼羅大全』（東洋書林）、Ph・ローソン『聖なるチベット』（共訳、平凡社）がある。

仏教の女神たち

2017年4月27日　第1刷発行

著　　者　森　雅秀
発 行 者　澤畑吉和
発 行 所　株式会社 春秋社
〒101-0021　東京都千代田区外神田2-18-6
電話　03-3255-9611（営業）
03-3255-9614（編集）
振替　00180-6-24861
http://www.shunjusha.co.jp/
装 幀 者　河村　誠
印刷・製本　萩原印刷株式会社

ISBN978-4-393-11913-6　定価はカバー等に表示してあります